Arnaldo Mourthé

MANIFESTO

POR UMA
SOCIEDADE DE
PAZ E FRATERNIDADE

Arnaldo Mourthé

MANIFESTO

POR UMA SOCIEDADE DE PAZ E FRATERNIDADE

1ª Edição   Rio de Janeiro, 2018

Copyright © 2018 by Arnaldo Mourthé

Todos os direitos desta edição reservados à Editora Mourthé Ltda.

É proibida a duplicação ou reprodução deste volume, ou de partes do mesmo, sob quaisquer meios, sem a autorização expressa da Editora.

Projeto Gráfico e capa: *Claudia Mourthé*
Foto da capa: *Claudia Mourthé*

Dados Internacionais de Catalogação na Publicação (CIP)

Mourthé, Arnaldo
  Manisfesto por uma sociedade de paz e fraternidade / Arnaldo Mourthé. – Rio de Janeiro : Mourthé, 2018.
  72 p.

  ISBN: 978-85-65938-25-9

  1. Filosofia - Fraternidade 2. Cidadania 3. Ciência política 4. Brasil – Crise econômica 5. Capitalismo I. Título.

CDD-320

Índices para catálogo sistemático:

1. Ciência Política 320

Editora Mourthé Ltda.
Rua Farani, 42 - Loja H - Botafogo
CEP 22231-020 - Rio de Janeiro - RJ

contato@editoramourthe.com.br
www.editoramourthe.com.br

Sumário

Manifesto ao povo brasileiro 7
Movimento Paz e Fraternidade: Associação para fazer do Brasil um país soberano e de justiça social 15
1. Princípios 15
2. Objetivos 16
3. Ações políticas imediatas 17
4. Programa emergencial 18
5. Programa de desenvolvimento da Nação brasileira 18

TEXTOS PARA REFLEXÃO **19**
Que fazer diante de tanta calamidade? 21
"LIBERDADE AINDA QUE TARDIA".. 24
A Revolução Francesa 25
É preciso saber para onde ir 29
Saber querer 36
Por um Brasil de Paz e Fraternidade 39
Quem é o maior responsável por nossa tragédia nacional? A resposta é simples: É a nossa omissão 42
Como enfrentar nossa perplexidade?.. 45

O segredo do colapso da civilização **47**
Parte I – Histórico 47
Parte II - O segredo 51
Parte III - O excedente de produção no capitalismo 55
Parte IV - A natureza do modo de produção capitalista 59
Parte V - O Brasil não é problema. É solução 62

Verdades que precisam ser ditas **65**

Manifesto ao povo brasileiro

A palavra que mais representa nosso estado de espírito atual é PERPLEXIDADE. Isso porque o que nos foi ensinado não corresponde mais, minimamente, à realidade que nos cerca. Vivíamos, e ainda vivemos em alguns aspectos, em um mundo de muitas concessões que produziram sociedades de desigualdades, muitas vezes desumanas. A história da humanidade nos relata isso. Os conflitos foram constantes ou ocasionais, mas resultaram em enfrentamentos sangrentos, em guerras e revoluções.

Há muita apreensão a respeito de que um grande conflito possa nos alcançar em face do caos em que a humanidade está mergulhada, em graus diferentes para cada região, país ou circunstância. Os interesses de grupos econômicos e das grandes potências, quase todas com farto armamento nuclear, causam grande insegurança.

Considerados os padrões ideológicos existentes e os interesses geoeconômicos, há campo para o pessimismo. Mas há solução para tudo isso, por mais que possa nos parecer improváveis. É disso que trataremos fundamentalmente neste Manifesto.

*

Um produto de boa qualidade não pode ser construído com matérias primas de má qualidade. Uma boa construção exige material de qualidade, tanto melhor quanto for a qualidade requerida para ela. Isso vale para tudo, até para a sociedade. Um mau professor não é capaz de ensinar adequadamente o aluno. Um mau médico pode levar à morte seu paciente. Um mau engenheiro não garante uma construção segura, nem econômica. Um mau administrador não consegue levar um empreendimento ao sucesso. E um mau político não é capaz de defender os interesses daqueles que ele representa, muito menos de conduzir uma Nação.

Os pensamentos errôneos são como o mau material, ou o mau profissional. Seus resultados são sempre negativos ou insuficientes. Esse é o grande problema que o Brasil atravessa. Se nossos representantes no poder são maus é porque nossos pensamentos errôneos os colocaram onde estão. Não há como culpar outros por nossos erros. É preciso corrigi-los. Tentemos fazê-lo.

Venho há mais de dez anos me dedicando, a tempo integral, a compreender o momento histórico que atravessamos, e encontrar um meio para sua superação por nossa Nação, por nosso povo brasileiro. Esse esforço produziu uma editora e cinco livros: sobre a civilização, a crise, o poder, e o estado de perplexidade em que nos encontramos. Feito isso me sinto na obrigação de expor ao povo brasileiro meus pensamentos que vão além desses livros e que considero necessários à superação desse momento histórico, trágico, que estamos vivendo.

Comecemos por uma verdade inquestionável, que tomamos como um postulado, como fez Euclides para desenvolver sua geometria. **O dinheiro é apenas uma representação do valor de uma mercadoria. O valor do homem não pode ser medido pelo dinheiro, porque o ser humano não é mercadoria.**

A questão fundamental de nossa época é nosso conceito errôneo do *ser humano*. No Renascimento essa questão foi tratada, mas de forma viciosa. A liberdade concebida naquela época era a do indivíduo, não do ser humano, enquanto essência. Daí surgiu o individualismo que gerou o liberalismo, ideologia que sustentou o modo capitalista de produção e moldou nossa sociedade. Essa sociedade foi estruturada para satisfazer os interesses individuais dos burgueses capitalistas, cujo objetivo maior é o lucro. As necessidades humanas não foram consideradas, senão na medida do interesse capitalista na mão de obra para a produção de mercadorias e no consumidor desta para a realização de seu lucro.

Esse sistema conduziu a humanidade a muitos conflitos. Entre pessoas e entre classes sociais, nas disputas existenciais ou por melhores condições de vida. Entre corporações por mercados e poder. Dos conflitos surgiram as ideologias, e uma variedade de concepções sobre a natureza da sociedade e do próprio homem. Os confrontos dessas ideologias e pensamentos divergentes geraram novos conflitos sociais, econômicos e políticos. Aqueles entre as próprias corporações capitalistas geraram uma concorrência feroz e a guerra entre nações, por mercados e para queimar os estoques provenientes da acumulação capitalista. Esse processo ficou expressamente claro, quando foram analisadas as razões das duas grandes guerras mundiais. Elas produziram várias dezenas de milhões de vítimas fatais, centenas de milhões de outras vítimas de toda natureza, como sequelas físicas, fome, doenças, migrações de refugiados e perdas materiais. Mas a burguesia capitalista continuou enriquecendo em um processo de acumulação de riqueza que só multiplicou.

A astronômica concentração de capitais nas mãos de poucas pessoas fez nascer outro modelo de mundo, que alguns denominaram de *globalização*. Isso não aconteceu por acaso. Ele foi resultado da inviabilidade de sanear as contradições do capitalismo pelas guerras. Uma guerra, na dimensão necessária para resolver a atual crise do capitalismo, poria em confronto potências nucleares, o que levaria à destruição geral. Não sobraria pedra sobre pedra das grandes potências, enquanto a humanidade poderia desaparecer ou regredir ao primitivismo.

Não havendo como investir os ganhos do capital, nem queimar estoques através da produção não destinada ao mercado, como obras públicas, armas de guerra ou a pesquisa espacial, o capitalismo criou uma economia fictícia. Ela é embasada em dinheiro sem lastro, em lucros presumíveis e especialmente na dívida pública. Essa economia criou um mercado para a aplicação da fabulosa fortuna acumulada da exploração do petróleo e das tecnologias de ponta, que se substituem rapidamente para gerar mercado para novos investimentos. O jogo do mercado financeiro produziu uma concentração brutal desses recursos no sistema financeiro. Para aplicar todo esse dinheiro fictício, foi preciso criar o endividamento público e ampliar o privado. Segundo o FMI, o total da dívida mundial no final de 2015 era de 2,55 vezes o PIB mundial. Esse valor só cresce, todos os dias, como a dívida pública brasileira. Quem serão os credores de tanto dinheiro? Como foi possível chegarmos a tal situação?

Os controladores do sistema financeiro mundial dominam hoje toda a economia do mundo ocidental e parte da do mundo oriental. Estão até na China, país com o qual têm uma associação para explorar o mercado mundial, que gera desemprego e baixos salários pelo mundo afora. Eles se sentem os "reis do mundo" e, de certa forma, o são, pois dominam os países através das suas dívidas públicas, usando-as para chantagear os governos, para conseguir deles todos os favores que se acham no direito de ter. Mas como puderam chegar até esse ponto?

Pela corrupção, e pela chantagem do comércio e das armas. No Brasil, sofremos do mal da corrupção sistêmica dos políticos, pelo menos a partir da criação do IBAD (Instituto Brasileiro de Ação Democrática) pelas forças conservadoras brasileiras e pelo capital estrangeiro. O objetivo do IBAD foi corromper, para eleger seus deputados e submeter a imprensa, no seu projeto de depor João Goulart da Presidência da República. Mas, na Nova República, esse processo foi intensificado para dominar os poderes Executivo e Legislativo da União. Assim conseguiram implantar no País uma política de demolição do Estado, que tem como principal instrumento a sangria financeira do Estado, através dos juros da dívida pública. O Estado foi levado a alienar seu patrimônio, a reduzir investimentos e serviços públicos, gerando o caos na nossa sociedade. A dívida pública não para de crescer, e o compromisso de pagá-la é usado para justificar a liquidação de direitos de cidadania, como a legislação trabalhista e a Previdência Social. Essa sangria degrada o serviço público. Os direitos à educação de qualidade, à saúde, à segurança e ao transporte de qualidade, vão sendo sistemàticamente reduzidos.

Nesse processo a indústria brasileira foi desnacionalizada. O capital estrangeiro que detinha em torno de 25% dela no início dos anos 80, detém hoje mais de 70%. Todo o sistema financeiro é controlado por estrangeiros, mesmo os bancos que ainda são nacionais. Estes apoiam abertamente essa política de demolição da Nação brasileira. Mas, como tudo isso pode acontecer sem nosso conhecimento?

A mídia não nos informou isso, porque ela é mercenária. Não divulga o que não é de interesse dos seus anunciantes. Ela molda a opinião pública. Cria na nossa mente um mundo de ilusões, que encobre a economia e as finanças fictícias. O Poder Executivo foi corrompido, assim com a maioria do Congresso Nacional. A Nação brasileira está pendurada no Poder Judiciário. Até quando ele resistirá ao ataque desse monstro - que mais parece a Besta do Apocalipse - se não contar com o apoio efetivo da nossa população.

Essa, por sua vez, se sente incapacitada de agir por não confiar em nenhuma das supostas soluções que lhe são apresentadas. Nem nas lideranças que a decepcionou. Mas é preciso que ela seja despertada, pois somente ela tem condições de reverter esse quadro de horror a que nos submeteram. Mas temos que ser cautelosos. Nossa ação não pode comportar a violência, que é a arma mais efetiva dos dominadores. Nesse campo eles são imbatíveis. Nós precisamos desenvolver uma estratégia pacífica. Muitos acreditam que isso não é possível. Mas eu digo que sim, é possível.

Gandhi conseguiu derrotar o Império Britânico através de uma política de **não violência e de apego à verdade**. Mas como isso foi possível? Porque Gandhi desconsiderou o poder inglês, que era apenas aparente. Ele compreendeu que o único pensamento correto na política é a verdade. E também, que os homens não foram criados para guerrear entre si. Mas para viverem em harmonia e cooperação nas suas comunidades. Na família, nas aldeias, nas tribos, nas cidades, e nas nações. Também as nações não foram criadas para guerrear, mas para viver em harmonia e em colaboração, para manter um equilíbrio entre elas e permitir a evolução dos seres humanos. Nós podemos fazer o mesmo. Hoje a sociedade humana vive em dois mundos distintos, conforme o pensamento e a natureza de cada um de nós. Esses mundos são o *do egoísmo e o da fraternidade*.

O mundo do egoísmo é o dominante. Não pelo número de pessoas que pertencem a ele, mas por sua força material. Considerados os padrões ideológicos existentes e os interesses geoeconômicos, há campo para o pessimismo. Mas há solução para tudo isso, por mais que possa nos parecer improvável. A maior força que sustenta esse mundo do egoísmo não são seus poderes materiais, econômicos e bélicos. É a nossa omissão.

Se ele dispõe do poder institucional é porque nós o consentimos. Nesse campo, a sustentação deste poder se deve às nossas ilusões. Nós fomos e estamos sendo submetidos a um processo de alienação, de entendimento errôneo da realidade, que nos faz confundir realidade e ficção. Vamos a essa questão.

De onde vem o poder de nossos governantes? Da eleição. Quem os elegeu? Fomos nós. Então, quem tem o poder somos nós, e não eles. Eles são apenas impostores. Eles se apossaram do poder como se fossem deles, mas ele é nosso. E o usam contra nós mesmos. Eles lá estão por nosso consentimento, e nossa ação de tê-los apoiado nas eleições, direta ou indiretamente. É fato que eles detêm o poder institucional, do Estado, por um período. Teoricamente eles têm o direito de fazer o que estão fazendo: legislar contra o povo, endividar o Estado, dar o dinheiro dos serviços públicos para os especuladores financeiros, alienar o patrimônio da Nação. Mas isso não é legítimo. Eles não podem legislar ou tomar qualquer medida contra o interesse de seu Soberano, que é o povo que os elegeu. Esse é o princípio republicano capital. Mas como levar à prática uma política pacífica que seja vitoriosa?

Cabe-nos, então, definir a força e a fraqueza dos adversários, como fez o famoso pensador e general chinês Sun Tzu, que disse: ***conheças o inimigo e a ti mesmo e travarás cem batalhas sem derrotas***. Essa verdade não vale apenas para a guerra, mas para toda disputa. No esporte, no debate entre pessoas, na política, enquanto disputa de poder.

Nós, até que conhecemos nossos adversários, mas apenas nos seus aspectos mais visíveis. Aqueles que enxergamos não são nada fortes. Eles são fracos, ignorantes, covardes, corruptos, mentirosos. Eles têm uma só força: o domínio de dois poderes da República, o Congresso, que faz as leis, e o Executivo, que as executa. A corrupção praticamente fundiu esses dois poderes, mas eles não podem tudo. Precisam de uma maioria, que provavelmente não têm, para aprovar reformas constitucionais. É preciso trabalhar para que não alcancem essa maioria. Nesse aspecto, os partidos da oposição são fundamentais, pois é preciso ter os votos contra eles que os impeçam de ter a maioria necessária. Os parlamentares da oposição precisam de nosso apoio. Falar mal de político, sem precisar o que ele representa ou deixa de representar, é um erro. Devemos apoiar os parlamentares honestos e bem intencionados. Nós precisamos deles. O Brasil precisa deles.

Vimos o poder e a fraqueza dos nossos adversários no plano político. Mas, será que sabemos o suficiente sobre nós mesmos? Nossos pensamentos e nossas ações serão todos corretos? Há pessoas bem intencionadas que acreditam que são. Mas não serão nossos pensamentos influenciados pela propaganda enganosa que nos massacra todos os dias? São, sim, e muito. Eles são influenciados pelos veículos de comunicação controlados por nossos adversários, que são também inimigos da Nação brasileira, do povo brasileiro. É preciso, portanto, estarmos seguros que nossos pensamentos não nos traiam. Precisamos tomar consciência de nós mesmos e do mundo em que vivemos. Isso se chama conscientizar-se, conhecer as coisas como elas são. Não basta que algo possa parecer bom, ou do bem. É preciso que ele o seja.

Isso nos obriga a um trabalho de conscientização. Não é fácil alcançar a verdade. A humanidade a busca incessantemente e nem sempre com êxito. Mas é precisa fazer um esforço, pelo menos agora que estamos atravessando momentos dolorosos.

Empenhemo-nos na conscientização! Primeiro da nossa própria, depois da daqueles que nos cercam, e daí para todos. É preciso conhecer a verdade. Uma das frases mais marcantes para esse momento que atravessamos foi dita a cerca de dois mil anos atrás. Quem a disse todos nós conhecemos: ***Conhecereis a verdade e a verdade vos libertará.*** Não acredite em tudo que dizem por aí, por mais interessante que seja, sem verificar sua veracidade. Querem nos dividir jogando-nos uns contra os outros. Além de conhecer a verdade, é preciso nossa unidade para vencer nossas dificuldades.

Nós, povo brasileiro, precisamos nos unir. Para defender nossos direitos, para sermos o que somos, pois não somos nem melhor nem pior que nenhum outro povo. Devemos nos unir e lutar por um **Brasil de Paz e Fraternidade.**

Mas, para isso, precisamos ter vontade! Tanto a Paz quanto a Fraternidade precisam estar dentro de nós mesmos. Não basta querer. É preciso construir o que queremos. Isso exige além de coragem, empenho e sinceridade. **Só o amor constrói.** O ódio destrói. A omissão nos neutraliza e nos deixa a mercê da sorte. A falsidade desmonta a unidade. Isso tudo implica que precisamos construir tudo a partir de nós mesmos. A correção de nossos pensamentos e de nossas ações, e nosso exemplo, atrairão apoios que nos fortalecerão. Porque forte já seremos se compreendermos que **o poder está dentro de nós mesmos.**

Esse me parece o caminho correto para superarmos nossas dificuldades e construirmos o País que nós queremos. É o que esperam de nós nossos descendentes e todos os demais brasileiros. Proponho para isso a criação do Movimento Paz e Fraternidade, para reunir nossas vontades e assumirmos o destino de nosso Brasil e de nossa gente.

Movimento Paz e Fraternidade

Associação para fazer do Brasil um país soberano e de justiça social

1. Princípios

1.1. O amor ao próximo: a **fraternidade.**

1.2. Defender a Soberania do Cidadão e da Nação.

1.3. A Liberdade e a Igualdade são inatas no homem.

1.4. Reconhecer que somos todos iguais, independentemente do gênero, raça, cor, etnia, nacionalidade, grau de instrução ou atividade profissional. A diversidade é parte da essência da vida. Ela não é um defeito, mas uma virtude.

1.5. Garantida nossa Soberania, que é sagrada, nossa Nação estará aberta a todas as pessoas do mundo.

1.6. Todos os brasileiros têm direito a uma vida digna. A Sociedade é obrigada a fornecer-lhe condições de trabalho para sua sobrevivência, garantindo-lhes alimentação, educação de qualidade, assistência à saúde e moradia adequadas. O instrumento principal para a garantia dos direitos do Cidadão é o Estado.

1.7. Além de direitos, o Cidadão tem como deveres respeitar os princípios aqui definidos e contribuir com seu trabalho, desde que capacitado para tal, para o bem de todos e da Nação.

1.8. Todas as pessoas que tiverem impossibilitadas de trabalhar por qualquer razão, deficiência, vítimas de catástrofe ou violência, terão seus direitos garantidos pela Sociedade.

1.9. A educação é um instrumento para formar Cidadãos, pessoas conscientes de seus direitos e deveres.

1.10. Respeitar a Natureza, não praticando ou promovendo atividades predatórias.

2. Objetivos

2.1. Superar o caos produzido pelas crises econômica, social, institucional, moral e ética em que vivemos, respeitando os princípios definidos acima.

2.2. Criar condições de vida com dignidade para todos os cidadãos e instruí-los para uma convivência pacífica com seu semelhante.

2.3. Extirpar do Brasil a fome, o analfabetismo e o desemprego. Todo brasileiro terá oportunidade de trabalhar para atender às suas necessidades e as de sua família.

2.4. Reduzir a criminalidade e a mortandade das pessoas vítimas de violência e da irresponsabilidade, especialmente no trânsito.

2.5. Definir uma política econômica condizente com os princípios aqui definidos, com a consciência de que só o trabalho humano confere valor às mercadorias.

2.6. Por em prática uma política externa de respeito à soberania das nações, sem discriminação de qualquer natureza.

2.7. Toda nossa atividade diplomática será a favor da Paz e do entendimento entre as nações. O papel de nossas Forças Armadas será o de preservar a Soberania Nacional, garantir a Liberdade dos cidadãos e a defesa das nossas instituições.

2.8. Tornar o Brasil um país exemplar, modelo para a superação dos problemas internos das nações.

3. Ações políticas imediatas

3.1. Convocação imediata de uma Assembleia Nacional Constituinte.

3.2. A eleição dessa Assembleia ocorrerá em substituição às eleições para Presidente da República, Deputados Federais e Senadores, em outubro de 2008.

3.3. Logo que empossada, essa Assembleia elegerá um Presidente da Republica por um mandato temporário, até que sejam empossados os eleitos pela eleição que ela determinará, e que se realizará após a promulgação da nova Constituição que será elaborada no prazo máximo de um ano.

3.4. Para restabelecer a paz social e a governabilidade, a Assembleia Constituinte revogará todas as reformas constitucionais que modificaram a Constituição de 1988, restabelecendo sua integridade até a promulgação da nova Constituição que a substituirá.

3.5. O Governo Provisório fica autorizado a rever todos os atos executados a partir da vigência da Constituição de 1988, que atentaram contra os interesses da Nação ou do Cidadão nos termos daquela Constituição, visando seu cumprimento estrito.

4. Programa emergencial

4.1. Sustar o pagamento dos juros da dívida pública e realizar sua auditagem.

4.2. Anular todos os dispositivos legais do governo Temer contrários aos interesses dos brasileiros, especialmente dos trabalhadores, ou que alienaram ou alienem o patrimônio público ou da Nação, **por vício de origem: a corrupção de membros do Poder Legislativo que lhes deu origem.**

4.3. Submeter à revisão todos os atos dos governos de Fernando Henrique Cardoso, Luiz Inácio Lula da Silva e Dilma Rousseff, praticados sobe pressão de forças externas ao Brasil, ou com o uso da corrupção.

4.4. Utilizar os recursos destinados ao pagamento dos juros da dívida pública para pagar os salários atrasados dos servidores do serviço público dos estados e dos municípios, e para desenvolver os projetos prioritários nas áreas de educação, saúde, cultura e infraestrutura.

5. Programa de desenvolvimento da Nação brasileira.

Observação: Esta questão fica em aberto. Nosso programa será elaborado através de ampla discussão entres as pessoas que aderirem ao **Movimento Paz e Fraternidade.**

TEXTOS PARA REFLEXÃO

Que fazer diante de tanta calamidade?

Se esperarmos por um "salvador da Pátria" não haverá mais Pátria para ser salva. Essa é a realidade que se nos apresenta. Que fazer?

    Essa é uma questão que me incomoda desde que tomei conhecimento de uma doutrina chamada neoliberalismo, por volta de meados dos anos 90. Depois de muito pesquisar, resolvi escrever um livro que levou o nome de *O capitalismo enlouqueceu*. Desde lá para cá tento me informar sobre essa monstruosidade ideológica que nos foi incutida por uma imprensa mercenária e uma casta política e empresarial corrupta. Não cabe agora contar essa história. Mas, em certo momento me senti no dever de renunciar à política partidária e procurar uma forma de lutar contra a calamidade que se anunciava. Virei pesquisador da história e escritor. Fiz o que pude, mas não alcancei o que esperava: despertar as pessoas para o perigo que se avizinhava.

    Agora, a calamidade está aí, instalada nos poderes da República e alimentada pela corrupção. A casta escravista, viciada por 350 anos de escravidão, retorna ao poder para restabelecer o único mundo que ela conhece, o da prepotência e da submissão dos outros, que ela só vê como instrumentos e não como pessoas.

    Como enfrentar essa situação? Os brasileiros estão perplexos. A ilusão que lhes vem sendo incutida, por essa elite covarde formada da exploração do trabalho escravo, bloqueia nosso pensamento, deixando-nos indefesos. Ela nunca se sentiu brasileira. Sua vida sempre foi seus negócios, de apaniguados do poder, aliados às aves de rapina do comércio internacional. Sempre foram apátridas e insensíveis em relação aos problemas da população. Paralelamente à ação das castas da rapinagem, foi sendo criada uma Nação aberta à humanidade para onde puderam vir povos de todo o mundo, gerando um povo diversificado que muito bem representa a humanidade. Há uma guerra não declarada contra essa Nação, por forças internacionais aliadas às castas exploradoras de nossa gente.

Já disse tudo que deveria dizer sobre isso nos diversos livros que publiquei. Mas foram poucos os ouvidos abertos às advertências fundadas nos trabalhos extensos, intensos e meticulosos de poucos bravos brasileiros, entre os quais me incluo. Acabamos caindo na arapuca que nos foi armada pelo capital financeiro internacional aliado à casta calhorda que suga nosso Brasil. Que fazer?

É preciso resistir à rapinagem e a corrupção que é seu instrumento. Mas também é preciso combater a propaganda que sustenta a rapinagem, através de uma mídia mercenária e de marqueteiros sem escrúpulos. Mas como fazê-lo?

Estamos vivendo um momento muito especial. O sistema, que submete todos os humanos, está instituído sobre ideias que não correspondem mais às necessidades da humanidade. É preciso humanizar o mundo. Não nos mesmos termos do humanismo do Renascimento, voltado para o individualismo. Mas reconhecer a igualdade de todos os humanos por serem iguais na sua essência. Não ver a diversidade como defeito, mas como virtude. Pois foi ela que nos permitiu sobreviver ao longo de nossa evolução. É preciso reconhecer que o ser humano foi criado para ser livre, e não escravo. Mas há muito mais a fazer.

Queiramos ou não, nós somos frutos do meio em que vivemos, não apenas o material, mas também o espiritual. Afinal, apesar de sermos animais, não agimos por instinto, mas pela razão. Nós temos vontade e livre arbítrio, mesmo quando não somos muito conscientes. E a consciência é o aspecto mais importante para nossa sobrevivência nessa situação de calamidade em que nos encontramos. É fundamental que desenvolvamos nossa consciência. Que nos desembaracemos das amarras mentais que nos submetem a interesses nefastos de pessoas inescrupulosas. É essa a questão central sobre a qual devemos nos debruçar.

Infelizmente, o desenvolvimento espiritual da humanidade não acompanhou o desenvolvimento da ciência e da tecnologia. Dispomos de uma capacidade destrutiva que ameaça a humanidade e mesmo a vida sobre a Terra, em mãos de pessoas irresponsáveis que só pensam em dominar. Não existe mais a sociedade do diálogo, que permitiu, apesar da obtusidade da burguesia capitalista, o Estado de Bem Estar Social, conquistado a duras penas por aqueles que vivem de seu trabalho. Hoje, a "riqueza" vem sendo adquirida através dos rendimentos sem produção, em especial dos juros. A dívida pública criada para alimentar e guardar essa riqueza, que não pertence ao mundo produtivo, vem sendo usada para submeter Nações e degradar a vida das pessoas.

A solução para tudo isso está que na nossa conscientização. É urgente sabermos sobre a natureza dessa calamidade que estamos vivendo. As explicações convencionais próprias da política e da diplomacia não valem mais nada, na ausência do diálogo. Este é por natureza multilateral. Ele foi eliminado da vida política pela postura impositiva do poder, que não reconhece os direitos da outra parte, a população que é a fonte da legitimidade do poder. A parte que está em cima, impostora, não quer o diálogo. Sua postura é de imposição. Sempre com uma desculpa fajuta, como: "fazer a reforma da Previdência agora, ou ter que fazê-la amanhã em condições piores". Eles sabem que o problema financeiro da União não é a Previdência, nem a remuneração dos servidores, mas os juros da dívida pública. Mas esse, para eles, é intocável. É o dinheiro do patrão, do "deus" "mercado". Uma desfaçatez estarrecedora. Precisamos denunciá-los.

Hoje, estamos submetidos integralmente à ideologia do banqueiro, o neoliberalismo. Precisamos combatê-la. Se quisermos que nossos filhos e netos tenham uma Pátria, é preciso nos conscientizarmos da situação em que nos encontramos. Isso tudo me levou a escrever um livro, *A perplexidade,* que trata das questões do pensamento humano e de seu comportamento, envolvendo história, filosofia e ideologia.

"LIBERDADE AINDA QUE TARDIA"

Tomei como título deste texto o lema da Inconfidência Mineira, cuja bandeira é representada abaixo. Esse evento histórico, precursor do Brasil moderno, foi um movimento republicano, como a Guerra de Independência das Treze Colônias da Nova Inglaterra, domínio inglês que deu origem aos EUA. Ambos os movimentos foram inspirados nos ensinamentos dos filósofos iluministas franceses, da mesma forma que o foi a Revolução Francesa. É desta Revolução que falaremos nesse artigo, especialmente da Declaração dos Direitos do Homem e do Cidadão que ela produziu. Abaixo está a bandeira que os Inconfidentes adotaram para representar o novo Brasil, independente e republicano, que eles preconizaram. A diferença que o triângulo original era em vermelho. Para isso transcrevo um texto do meu livro *História e colapso da civilização*, que trata do tema.

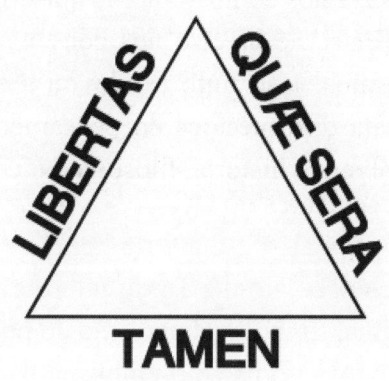

A Revolução Francesa

"O iluminismo foi um movimento filosófico militante, voltado para responder a necessidades reais da sociedade naquele momento histórico. Nos ensinamentos dos iluministas foram formadas as mentes dos revolucionários que conduziram a revolta popular e os anseios das diversas facções da burguesia e da pequena nobreza, naqueles anos de crise do final da década de 1780 na França. Mas é preciso ter em mente que, também em função de sua posição social, cada um dos protagonistas daqueles eventos tinha sua visão de mundo. Isso determinou a formação de grupos afins que defendiam ideias e interesses comuns, que diferiam dos outros grupos e se opunham a eles.

A assembleia *Les États généraux*, convocada para resolver a crise financeira do país em 4 de maio de 1789, tornara-se mais popular pela duplicação da participação do *tiers état*. Em 17 de junho, uma parte dela, o *tiers état* e membros do clero, se rebelou e se declarou como Assembleia Nacional Constituinte, enquanto fazia um apelo à população para exercer os seus direitos. No dia 20 de junho, seus membros, que representavam o clero e a burguesia, reunidos na sala do Jogo da Pelota, fazem um juramento de não se separarem até que suas reivindicações fossem acolhidas pelo poder real. No dia 27, pressionado pelo povo de Paris, Luís XVI apela aos outros representantes do clero e aos da nobreza a agregarem-se à nova Assembleia Nacional. No dia 9 de julho a Assembleia se investe dos poderes constitucionais. No dia 14 de julho o povo de Paris cerca e toma a prisão da Bastilha, símbolo da opressão do poder real. Nos dias que se seguem, o Cocar tricolor torna-se o emblema da Revolução, enquanto a cólera popular faz suas primeiras vítimas entre funcionários e nobres. A Assembleia Nacional não perde tempo, abolindo privilégios em documento de dezoito artigos, na noite de 4 para 5 de agosto e, em 26 de agosto, proclamando a *Declaração dos Direitos do Homem e do Cidadão*, nos seguintes termos, (tradução do autor):

Os Representantes do Povo Francês, constituídos em Assembleia Nacional, considerando que a ignorância, o esquecimento ou desprezo aos direitos do Homem são as únicas causas das mazelas públicas e da corrupção dos Governos, decidiram expor, numa Declaração solene, os direitos naturais, inalienáveis e sagrados do Homem; a fim de que esta declaração, sempre presente em todos os membros do corpo social, lhes lembre permanentemente seus Direitos e seus deveres; a fim de que os atos do poder legislativo, e aqueles do poder executivo, possam ser, a cada instante, comparados com o objetivo de toda a instituição política; a fim de que as reclamações dos cidadãos, a partir de agora amparadas por princípios simples e incontestáveis, voltem-se sempre à manutenção da Constituição e ao bem-estar de todos.

Em consequência, a Assembleia Nacional reconhece e declara na presença e sob os auspícios do Ser supremo os direitos seguintes do Homem e do Cidadão.

Art. 1º. Os homens nascem e permanecem livres e iguais em direitos. As distinções sociais não podem prevalecer sobre o bem comum.

Art. 2. O objetivo de toda associação política é a conservação dos direitos naturais e imprescritíveis do Homem. Esses direitos são a liberdade, a propriedade, a segurança, e a resistência à opressão.

Art. 3. O princípio de toda Soberania reside essencialmente na Nação. Nenhum organismo, nenhum indivíduo pode exercer autoridade que não emane dela expressamente.

Art. 4. A liberdade consiste em poder fazer tudo o que não prejudique o outro: assim, o exercício dos direitos naturais de cada homem não tem limites que aqueles que assegurem aos outros Membros da Sociedade o gozo desses mesmos direitos. Esses limites não podem ser determinados mais que pela Lei.

Art. 5. A lei não pode proibir mais que as ações nocivas à Sociedade. Tudo aquilo que não é proibido pela Lei não pode ser impedido, e ninguém pode ser obrigado a fazer o que ela não ordena.

Art. 6. A Lei é a expressão da vontade geral. Todos os Cidadãos têm o direito de concorrer pessoalmente, ou através de seus Representantes, à sua elaboração. Ela deve ser igual para todos, seja para proteger, seja para punir. Todos os cidadãos são iguais perante ela e igualmente admissíveis a todas as dignidades, lugares e empregos públicos, segundo a sua capacidade e sem outra distinção que não seja a das suas virtudes e dos seus talentos.

Art. 7. Nenhum homem pode ser acusado, preso nem detido que nos casos determinados pela Lei, e segundo as formas que ela prescreve. Aqueles que solicitam, expedem, executam ou fazem executar as ordens arbitrárias, devem ser punidos; mas todo e qualquer cidadão convocado ou detido em virtude da Lei deve obedecer imediatamente, caso contrário torna-se culpado de resistência.

Art. 8. A Lei não deve estabelecer mais que penas estrita e evidentemente necessárias. Ninguém pode ser punido senão por força de uma lei estabelecida e promulgada antes do delito e legalmente aplicada.

Art. 9. Todo acusado é considerado inocente até ser declarado culpado e, se é julgada indispensável sua prisão, todo o rigor desnecessário à guarda da sua pessoa deverá ser severamente reprimido pela Lei.

Art. 10. Ninguém pode ser molestado por suas opiniões, incluindo opiniões religiosas, desde que sua manifestação não perturbe a ordem pública estabelecida pela Lei.

Art. 11. A livre comunicação das ideias e das opiniões é um dos direitos mais preciosos do Homem. Todo Cidadão pode, portanto, falar, escrever, imprimir livremente, respondendo, entretanto, pelos abusos desta liberdade nos termos previstos na Lei.

Art. 12. A garantia dos direitos do Homem e do Cidadão necessita de uma força pública. Essa força é então instituída para o benefício de todos, e não para utilidade particular daqueles aos quais é confiada.

Art. 13. Para a manutenção da força pública e para as despesas de administração é indispensável uma contribuição comum, que deve ser repartida entre todos os cidadãos na razão de suas capacidades.

Art. 14. Todos os cidadãos têm o direito de verificar, por si ou por seus representantes, a necessidade de contribuição pública, de consenti-la livremente, de observar o seu emprego e de lhe fixar a repartição, a coleta, a cobrança e a duração.

Art. 15. A Sociedade tem o direito de pedir contas a todo agente público pela sua administração.

Art. 16. Em toda Sociedade onde a garantia dos Direitos não é assegurada, nem a separação de Poderes estabelecida, não há constituição.

Art. 17. Sendo a propriedade um direito inalienável e sagrado, ninguém pode ser privado dela, a não ser quando a necessidade pública legalmente comprovada o exigir e sob condição de justa e prévia indenização.

Uma leitura atenta dessa declaração evidencia sua orientação iluminista. Conceitos expressos nela estão nos ensinamentos de Rousseau, como no *art. 6, A Lei é a expressão da vontade geral,* e nos de Montesquieu, como no *art. 16, Em Toda Sociedade onde a garantia dos Direitos não é assegurada, nem a separação de Poderes estabelecida, não há constituição.* Seu texto e a data de sua promulgação, logo após a queda da Bastilha, mostram que ela é uma fusão da força da Revolução popular com a clareza de conceitos dos iluministas, seu componente intelectual."

É preciso saber para onde ir

Se não soubermos para onde ir poderemos chegar onde não queremos estar. Hoje, saber para onde ir é uma das principais questões que se colocam para nós, todos os brasileiros.

Quando observamos a questão do poder, vemos claramente que tudo está errado. Nem é mais preciso enumerar fatos. Isso já está em nossa consciência coletiva, salvo para uma casta de indivíduos sem escrúpulo que manipulam o poder e para os desinformados ou alienados. O poder está contra nós, o povo brasileiro, de todas as classes sociais e de toda nossa diversidade. Mas, mesmo assim, ele está lá, cambaleante e soberbo, até mesmo prepotente e arrogante. Como isso foi possível? Porque aqueles que tudo comandam sabem onde querem chegar. Os que executam a tarefa sórdida de fazer e impor leis, não são mais que capatazes de um poder maior que dispõe deles como instrumentos de gestão daquilo que eles consideram seus domínios já adquiridos ou a serem conquistados. Voltaremos a essa questão mais adiante.

Enquanto isso, estamos aqui, humilhados, desconsiderados, desempregados, empobrecidos. Nossos filhos já não encontram uma escola que um dia construímos para formar cidadãos. A segurança das pessoas, seu direito à vida, foi substituída pela ganância dos que se intitulam "investidores", mas que não são senão espoliadores do povo, diretamente ou através do Estado. Este está submetido à chantagem de uma dívida criada artificialmente e ilegalmente, e a toda sorte de especulações. A corrupção alicia mandatários para submeter o Estado e a Nação. Esse quadro se revela nas mortes que acontecem por toda parte. Na frente dos hospitais, por falta de atendimento. Pelas balas perdidas das guerras que o Estado trava contra o crime organizado, ou de outros conflitos que as autoridades nem sabem explicar. A violência generalizou-se, pelo descaso do poder público ou pela marginalização de grandes contingentes da população. O trânsito feroz dos veículos, nas estradas e ruas, extermina mais pessoas que as guerras que se espalham pelo mundo. São perto de 50 mil por ano, além dos feridos.

Também matam pela fome gerada pelo desemprego e pela espoliação implacável da mão de obra mais humilde, em especial no campo, onde ainda vigora relações de trabalho mais cruéis que a escravidão. Isso porque, enquanto o escravo dos tempos coloniais e imperiais tinha sua vida preservada pelo senhorio, porque ele lhe custava caro, o trabalhador do novo regime escravista não é propriedade do patrão. Na sua visão mesquinha, a pessoa do trabalhador tornou-se descartável. Ele pode morrer porque outra ocupará seu lugar. Essa é a lógica da nova escravidão, ainda localizada, mas que é parte do projeto maior do capital financeiro de dominar o país. Esse processo já toma forma com a liquidação da CLT e se aprofundará com a Reforma da Previdência.

Esses fatos nos conduzem a entender que o crime organizado dos desesperados da Favela é como o "pivete", comparado com aquele outro crime organizado no Palácio do Planalto e no Congresso Nacional, fruto da corrupção nefasta do capital financeiro. Este não apenas assalta ou trafica drogas. Ele criou um mecanismo diabólico de espoliação do Estado, em especial pela **dívida pública, que nos custa um bilhão de reais por dia em dinheiro,** advindo de tributos pagos com nosso trabalho e sacrifício, e **outro bilhão de reais em aumento da própria dívida.** Este ano, até setembro, a dívida pública federal cresceu 400 bilhões de reais. Isso corresponde a mais de 10% dos seus três trilhões de reais, no início do ano. Sem estancar essa sangria do Estado não haverá governo, por mais boa vontade que tenha, que possa resolver os problemas do país. Daí decorre o rombo do Orçamento da União, e não dos salários dos servidores ou da Previdência Social. Nesse compasso de licenciosidade, não sobrará recursos para educação, saúde, segurança, transporte, ou qualquer investimento que seja, para a infraestrutura ou para o desenvolvimento da produção. A economia se deteriorará a tal ponto que nossos filhos e seus descendentes serão párias. A renda per capita nacional foi reduzida em 11% nesses últimos três anos. A anunciada retomada da economia mal basta para compensar o aumento da população, que segundo o IBGE é de 0,8% ao ano.

Mas a espoliação não para aí. A sangria não é apenas do Estado. Ela atinge diretamente a todos os cidadãos que usam o crédito, pois os juros são astronômicos. Mesmo aqueles que não se endividam não escapam da usura, pois o que eles consomem é onerado com juros pagos pelos produtores e comerciantes. A sangria é generalizada. Quando nosso corpo é submetido à sangria, fazemos uma transfusão de sangue ou perecemos. Com a Nação ocorrerá o mesmo. Estaremos condenados à morte, enquanto Nação e Cidadãos, se não pararmos essa sangria.

Algum incrédulo poderá questionar: **Isso é tão louco que não pode ser verdade!** Isso é realmente louco. Mas temos a considerar que não querem matar todas as pessoas, mas a Nação e a Cidadania. Eles precisam das pessoas para trabalhar para eles e dar-lhes lucro, mas não de todas elas. Não esquecer que no conceito deles nós somos descartáveis. Mas os sobreviventes não serão cidadãos, mas algo como os servos, talvez pior, escravos de outro tipo: escravos descartáveis, porque não lhes custaram nada. Poderão até simular um contexto de liberdade, onde possamos vender nossa força de trabalho em troca de nossa sobrevivência, ou morrer de fome se não aceitarmos as condições do patrão tirânico, porque não haverá leis para amparar-nos. Isso parece ser mentira, e impossível, mas é o projeto do capital financeiro internacional. Querem nos transformar em uma nação-fazenda, dos moldes coloniais, para produzirmos para a exportação e dar-lhes lucro e poder. Riqueza e poder são duas faces da mesma coisa na sociedade em que vivemos. **Essa é uma sociedade fundada sobre o egoísmo.**

Outra questão vem à mente de muita gente: "Mas como isso foi possível?" A resposta é: porque foi incutido na nossa mente que essa era a melhor, senão a única sociedade possível. Uma mentira extravagante! Mas ela é a mais pura realidade. **Um paradoxo: o fantasioso é para nós uma realidade irrefutável.** Tanto é assim que nós a aceitamos. Só agora estamos nos despertando para essa verdade. Isso porque essa sociedade se desfaz no próprio absurdo que ela produziu e pretende continuar produzindo. Agora, acentuando a espoliação e rompendo com todos os paradigmas que deveriam reger uma sociedade sadia, como pregaram os grandes filósofos e líderes religiosos da antiguidade. O egoísmo que conduziu tudo isso chegou a tal nível que se contradiz com a própria natureza humana: viver em sociedade, organizada para permitir nossa existência e nossa evolução. Isso não pode ser conseguido com o egoísmo. Só a **fraternidade** pode fazê-lo. Chegou, portanto, a hora de construirmos uma sociedade sustentada sobre a fraternidade, única capaz de garantir nossas liberdade e igualdade que são inatas no ser humano. Quanto à liberdade não há ninguém que a conteste como um direito. Mas a igualdade é desconsiderada por várias alegações, todas ilusórias, para não dizer falsas ou malévolas.

O ser humano, como todas as coisas, tem dois aspectos fundamentais. Sua essência e sua aparência. Isso foi constatado pelos grandes filósofos, mas poucos o percebem. Quando Platão distinguiu a essência da aparência, sob a expressão que a perfeição só existe na ideia, sendo tudo mais a aparência, uma cópia imperfeita da ideia, foi interpretado pelos autointitulados "sábios" como um "idealista", ou subjetivo, afastado da realidade. Nada mais falso. Quando Platão afirmou aquilo, ele apenas distinguiu a essência da aparência. Um cavalo é um cavalo, independentemente de sua raça ou sua aparência. Da mesma forma todos os homens são iguais na sua essência, não importa sua aparência. A diversidade não é um defeito, mas uma virtude. É ela a responsável pela sobrevivência da humanidade e por sua evolução. Sem a diversidade não haveria filosofia, nem arte. Nós não construiríamos o mundo que construímos, com suas qualidades e seus defeitos. Ele não existiria se fôssemos todos iguais nos nossos conceitos, na nossa vontade e nas nossas habilidades. Não haveria livre arbítrio. Não haveria escolhas. Não haveria vontade. O mundo seria insípido. O homem não passaria de um animal como os outros, movido pelo instinto.

É chegada a hora de nós vencermos as ilusões que nos foram, e são, inoculadas todos os dias por nosso entorno social. É esse entorno que nos oferece nossa cultura que nos permite conviver entre nós mesmos, compartilhando das coisas que necessitamos e que nos agradam. Mas a cultura também nos limita, com falsas verdades. Essas limitações podem nos custar muito caro em termo de nossa liberdade, e negligenciar a fraternidade, que nos une e criou o mundo positivo que nos abriga, cuja representação maior e mais evidente é nossa organização através da República. Essa instituição se fundamenta na nossa liberdade, condicionada apenas ao respeito à liberdade alheia. Isso dá segurança a todos nós.

    Rousseau conceituou muito bem essa questão em seu livro *O contrato social*. Mas essa República continua uma utopia, porque nossa sociedade se deixou levar pelo individualismo, fundamento do egoísmo, que criou o liberalismo e toda essa sociedade desumana que conhecemos. Ela não é pior, porque os sábios, filósofos e líderes religiosos, nos ensinaram a fraternidade e desenvolveram o pensamento crítico, que foi o instrumento que neutralizou em parte o egoísmo do liberalismo. Não foi este que criou o mundo moderno. Quem o fez foi o pensamento crítico, que através da dialética pôde desvendar as leis da natureza e confirmar as leis espirituais, que são as verdadeiras leis que regem a vida humana, a humanidade enfim.

    A tragédia que vivemos nos nossos dias é resultado dos destemperos do liberalismo que gerou a desigualdade, a discriminação, e demonizou o pensamento crítico que o combateu desde seu nascimento, especialmente pelos filósofos iluministas franceses e por aqueles que vieram depois, aprofundando seus pensamentos. A República que conhecemos é fruto disso. Ela não foi feita pela burguesia capitalista, mas por comunidades gregas que utilizaram o melhor do pensamento das antigas civilizações para se organizar e defender sua comunidade de agressões externas e catástrofes naturais. A burguesia usou e conviveu com a República, mas sempre a repudiou. O país em que ela surgiu na pré-modernidade, a Inglaterra, até hoje mantém a monarquia, resultado da associação burguesia capitalista com a nobreza inglesa para espoliar os próprios ingleses, espoliação que invadiu a Europa e produziu guerras monumentais, desde as napoleônicas, passando pelas duas guerras mundiais do século XX. Essas guerras são hoje difundidas pelo mundo afora por seu sucessor no projeto colonial, os EUA. Elas são travadas contra a liberdade dos povos e pelo controle da economia mundial, em especial da energia do petróleo e do gás.

A guerra é parte da natureza do sistema capitalista, e essencial para sua existência. Mas ela não é mais capaz de superar suas crises periódicas decorrentes da acumulação capitalista. Pois uma guerra para superar a atual crise do sistema, dada a existência das armas nucleares, não é mais exequível. Destruiria a civilização humana, talvez a própria humanidade. Na melhor das hipóteses nos levaria de volta ao primitivismo ou à barbaria. Em face disso foi criado o neoliberalismo, que inicialmente era conhecido por globalização, sistema sustentado pelo dólar sem lastro, pela dívida pública, pelas fronteiras abertas ao comércio e ao dinheiro, e por especulações de toda ordem. A crise que atravessamos, que no Brasil adquiriu a faceta deste governo impostor, que apelidei de **governo das trevas,** tem sua origem no fracasso da solução financista neoliberal. Os donos do dinheiro precisam agora recolonizar o mundo para sua sobrevivência. Essa postura está na base da crise que vivemos, que se apresenta como a falência do Estado brasileiro, o que é, apenas, a ponta do iceberg. A crise de fundo é proveniente da incapacidade do capitalista avançar no seu processo acumulativo em uma ordem democrática, mesmo sendo essa burguesa. O tempo de diálogo, que resultou no Estado de Bem Estar Social, ficou para trás. A sobrevivência da hegemonia burguesa capitalista no poder só é possível pela tirania.

Agora tratamos da questão política atual, às eleições de 2018. Acreditar que um "salvador da Pátria", seja ele quem for, poderá resolver nossa crise é a mais idiota das crenças. Se elegermos alguém com o pudor e a coragem para enfrentar o monstro, que chamo de a **Beata do Apocalipse,** o capital financeiro internacional, ele será morto ou deposto, se não tiver o apoio consciente e vigoroso do nosso povo. Sem povo consciente e disposto a ir à luta por seus direitos, tratar da política convencional, especialmente de eleições, é uma grande ilusão. Elas certamente serão viciadas pela corrupção e pela mídia mercenária que nos envenena todos os dias. Essa postura só servirá para dificultar uma solução para nossos problemas. A perda do poder dessa canalha, que o ocupa hoje, sem povo esclarecido nas ruas, poderá criar as condições de um grande conflito social que levará certamente a brutal repressão. O inimigo não aceitará a derrota. Dividirá a população, como tem feito, e utilizará brutal repressão para consolidar seu poder, que será ditatorial. Seu objetivo será transformar o Brasil em uma colônia de novo tipo, sobre a qual já nos referimos acima.

Sem conscientização da população não haverá saída para nós, a não ser depois do absoluto desastre, pela impossibilidade de manutenção do caos que será criado por aqueles que estão tentando nos submeter. Mas essa advertência não deve valer apenas para o outro. A responsabilidade é de cada um de nós. Devemos deixar de lado nossos interesses mesquinhos, inclusive aquele de omitir nossa responsabilidade pelo que aí está. Pois ela existe e é irrefutável. Sem nosso consentimento e nosso voto não teríamos chegado à situação que chegamos. Façamos um exame de consciência em relação aos nossos pensamentos, inclusive a respeito de nossos preconceitos e interesses menores.

Reflitamos sobre tudo isso, e que Deus perdoe nossos erros, nossa vaidade e nosso descaso para com o bem comum. Que assim seja!

Saber querer

Todos nós sempre queremos alguma coisa. Sobretudo quando atravessamos situações difíceis. Aí nosso querer é forte, o de superar as condições que nos afligem. Eu bem gostaria de morar em um sítio tranquilo, com jardim, pomar, um regato cantando, fazendo o contraponto aos passarinhos. Dispensaria a televisão, embora ainda existam alguns programas que nos informam coisas interessantes e nos divertem com arte e bom gosto. Mas para ficar livre da televisão controlada pela propaganda desnecessária ou enganosa, cuja finalidade é nos alienar, eu a dispenso com prazer.

Querer é fundamental para todos nós. O contrário, o não querer, é sempre um problema. Algo de errado se passa conosco. Mas, o simples querer pode ser traiçoeiro, quando se trata de conseguir coisas que estejam distante de nossas possibilidades. Pior ainda é o falso querer. Aquele que nos é incutido pela publicidade, ou outra má influência que não nos pertence e que pode ser uma armadilha. A de orientar nosso pensamento para o desnecessário ou o inalcançável. Isso nos desorienta e nos impede de centrarmos nossos esforços naquilo que é de nosso interesse e de nosso direito. Pois é amigo, estamos todos atolados no falso querer. No querer ilusório. No devaneio, ou no desespero que tantos de nós vivem no presente.

Pois é isso aí. Eu talvez não alcance o sítio dos meus sonhos, mas cultivo o meu querer em um Brasil que seja aquilo que todos sonhamos. Cada um imagina-o à sua maneira, em função da sua natureza, da sua cultura regional, de sua vocação, do seu modo de ser enfim. Mas todos, isso é o que penso, querem um país justo e fraterno, acolhedor como é a natureza do seu povo. Mas é necessário enfocar como poderá ser esse país. Somos mais de duzentos milhões de seres, de várias origens, mestiços, de todas as raças e múltiplas etnias e culturas, todos à busca deste "país do futuro". Esse futuro está sendo protelado por quinhentos anos. Mas ele pode ocorrer amanhã, não no sentido dos dias, mas do curto espaço de tempo. Aquilo que é hoje a nossa perplexidade, para quase todos, ou a desesperança para muitos, pode ser apenas o sinal de que chegou a hora de conquistarmos o nosso futuro, aquele que queremos.

Mas nesse futuro, de cada um, deve caber o futuro de todos. Não o conseguiremos com o egoísmo, que deformou a sociedade que construímos com nosso amor, nosso esforço e nossa competência. O ego tem sido o nosso maior inimigo, escondido dentro de nós mesmos. Ele é manipulado por outros egos, esses poderosos no plano material, donos do dinheiro e de tudo que ele pode comprar. E está comprando quase tudo. A consciência das pessoas, se é que elas a possuíam, e nossa própria vontade, nosso querer, através da alienação de uma mídia mercenária, que só faz defender os interesses desumanos dos poderosos que controlam a economia e o poder político. A economia, construída com nosso trabalho, e o poder político, conquistado com nossos votos, estão sob controle de egoístas, e voltados contra nós.

Não há querer individual que se sustente em um quadro como esse. A não ser que ele seja um querer egoísta que, em troca de pequenos privilégios, nos faça aceitar esse poder tirânico que tenta liquidar nossa Nação. O filósofo e linguista americano Noam Chomsky disse que o poder, que hoje nós chamamos de democracia, não passa de um poder unilateral das elites, consentido por nós. Isto é, o poder que nos obriga e nos oprime é consentido por nós mesmos. Da nossa ilusão de que ele nos representa advém o poder que nos oprime, que nos leva à pobreza, à discórdia e a conflitos diversos, inclusive à guerra, nas quais morremos.

Tudo isso nos leva à necessidade de que nosso querer deve ser autêntico, corresponder às nossas necessidades humanas, não apenas materiais, mas também espirituais. Para que assim seja, é preciso que nosso querer seja coletivo, o querer de todos, e que ao mesmo tempo nos permita não apenas nosso querer pessoal mas, também, alcançarmos sua realização.

Esse querer é possível se conseguirmos alcançar uma sociedade organizada nos moldes do modelo de República concebido por Rousseau, onde ela se apresenta como *a vontade geral dos cidadãos*. Não temos que inventar muita coisa. Os grandes pensadores, filósofos, líderes religiosos e cientistas, pensaram por nós e nos presentearam com seus pensamentos. Cabe-nos conhecê-los e aplicá-los com critério. Para isso é preciso que conheçamos esses pensamentos. Eles estão à nossa disposição nas livrarias e nos são transmitidos por diversas fontes, mas nós não damos muita importância a eles, mesmo até os menosprezamos. A mídia avassaladora desvia nossa atenção para as futilidades e nos incute a desinformação. É preciso que tenhamos consciência disso e mudemos nossas referências, em matéria de conhecimento e do que está a nosso favor ou contra nós.

De minha parte já defini o meu querer principal: **um Brasil de Paz e de Fraternidade.** Convido a todos que queiram esse novo Brasil a pensar nele, como ele deve ser e como alcançá-lo. O que não podemos é aceitar a mistificação, aceitar tudo que nos é imposto por uma casta despudorada, impatriótica e aliada ao que a humanidade produziu de pior em toda sua história, o capital financeiro internacional.

Por um Brasil de Paz e Fraternidade

O regime republicano instituído no Brasil, em 15 de novembro de 1889, já nasceu velho. Tanto que ficou conhecido como República Velha. Há pelo menos duas razões para esse conceito. A sua ideologia positivista e o exercício do poder, logo após seu nascimento, pelos barões do café, uma retrógrada casta escravista. O positivismo deixou sua marca na legenda da nossa bandeira: ORDEM E PROGRESSO. Mas, o que é o positivismo? Uma doutrina criada pelo francês Auguste Conte (1798-1857), semelhante a uma religião, que via a humanidade como sua deusa. Mas, apesar disso, não tratava dos direitos do homem. Seu enfoque era buscar a regeneração social e moral dele. O homem visto como um elemento fora da sociedade, como se isso fosse possível. Seu lema é *O Amor por princípio e a Ordem por base: o Progresso por fim,* como está escrito na fachada da Igreja Positivista do Rio de Janeiro.

Foi desse lema que saiu a legenda expressa na Bandeira do Brasil: *Ordem e Progresso.* O que significaria essa expressão? *Ordem* é uma disposição de meios para obter-se um fim, uma regra ou lei estabelecida. Pressupõe disciplina e obediência, mas não diz para que. No fundo é uma palavra sem significado preciso, que pode ser usada ao bel prazer da autoridade. Não é um princípio, como as legendas da Revolução Francesa, *Liberdade, Igualdade, Fraternidade.* Estas sim, falam por si mesmas, são princípios a serem seguidos pela sociedade e obrigatórias para a autoridade que ouse falar em seu nome.

E o que vem a ser *Progresso*? É o movimento para adiante, um avanço, uma evolução. Mas, em que direção? Para qual objetivo? Induz a pensar que esse objetivo seja o bem da sociedade, a superação de cada estágio da sua evolução. Mas qual seria essa sociedade? Essa questão fica em aberto, deixa margem a interpretações. O progresso para um pode ser o retrocesso para outros.

Foi exatamente isso que aconteceu. Como os militares não representavam nenhum dos componentes da sociedade, classes, setores, etnias ou organizações políticas, que pudessem dar-lhes suporte no poder, eles o entregaram aos barões do café. Manteve-se assim a estrutura social da colônia e do Império. Já não havia mais a escravidão que o Império extinguiu, mas permaneceu a cultura escravocrata da aristocracia, e a casta do baronato que espoliou o país desde o início da colonização.

Para o baronato a legenda *Ordem e Progresso* veio a calhar. A *Ordem* seria a sua, que ela estabeleceria conforme seu interesse. O *Progresso* poderia ser interpretado de várias maneiras. Se a interpretação era feita por eles, ela seria do seu interesse. Por exemplo: ampliar seus negócios, montados sob a exploração desumana dos trabalhadores, em associação com seus sócios no exterior. Assim, eles reinaram até 1930, quando a sociedade reuniu condições para derrubá-los do poder com uma Revolução Republicana.

Mas essa Revolução, em especial sua obra social, especialmente voltada para a proteção do trabalhador, com a legislação trabalhista e a Previdência Social, não foi assimilada pelo baronato, nem por seus sócios externos, que viram sempre o Brasil como um balcão de negócio de alta rentabilidade. Daí os conflitos sociais e as conspirações que levaram ao Golpe de Estado de 1964. De lá para cá, o baronato e seus associados externos deitaram e rolaram sobre o Brasil. Os militares, que foram usados para esse projeto antissocial e antinacional, serviram a eles, mas não se dispuseram a dar o passo audacioso que os associados externos queriam; destruir a Soberania Nacional.

O melhor seria, para os conspiradores, acabar com a ditadura e criar um regime de governos dóceis, de capatazes que administrassem a espoliação desenfreada do Brasil. E deu no que deu. Sobre isso já falamos sobejamente.

O pior é que o governo que aí está nem mais respeita a legenda da Bandeira Nacional. A *Ordem* virou desordem. Instalou-se um cassino de irresponsáveis que fazem e desfazem, no seu jogo do ganho fácil e farto, através da fraude, sustentada pela corrupção mais deslavada. A desordem alcançou o Poder Legislativo que vende aprovações de leis nocivas ao interesse público, através da mediação do próprio Presidente da República. O *Progresso* foi transformado em retrocesso pela perda de direitos dos trabalhadores e alienação do patrimônio público.

A "ordem" dos banqueiros está produzindo a falência do Estado e a desorganização da Sociedade. Seu "progresso" é o retrocesso da Nação, na Cultura, na Educação, na Segurança Pública, e no desenvolvimento da economia. Gera o desemprego e a miséria da população.

A desordem espalhou-se pelo país, a partir das medidas de demolição do Estado, por iniciativa do próprio Poder Executivo, desorganizando a Administração Pública, demolindo os serviços prestados à população, e sustentando os banqueiros com metade da arrecadação da União, além de aumentar anualmente em mais de 10% a dívida pública.

Há pessoas que fazem descaso dos princípios e dos conceitos que devem nortear a vida da sociedade, como a de cada cidadão. Pensam apenas nas disputas de poder e confiam na oratória enganosa dos políticos. Esses desconsideraram as grandes mensagens que emanam dos princípios e das legendas que os representam. Mas se tivéssemos escritos na Bandeira Nacional legendas fundamentais para o bem estar e o desenvolvimento da sociedade, talvez tivéssemos uma maior consciência popular que pudessem orientar ações em defesa da Nação e da Cidadania. Imagine se no lugar de *Ordem e Progresso* tivéssemos as palavras PAZ E FRATERNIDADE! Fica a sugestão.

Quem é o maior responsável por nossa tragédia nacional?

A resposta é simples: **É a nossa omissão.**

Quem se sentir ofendido, que me desculpe. Não quero ofender ninguém. Mas é de meu dever alertar a todos da gravidade da nossa situação. Até mesmo àqueles mais empenhados em buscar saídas desse caos, com seu próprio sacrifício. Afinal, me foi dado o privilégio de viver 81 anos, intensamente, conhecer muitos países, os mundos da técnica, do esporte, da literatura, da política, até dos porões da ditadura, da vida enfim, com sua grandiosidade e seus percalços. Não tenho o direito de omitir o que me foi revelado, por minhas experiências, meus estudos e meus contados com personalidades que fizeram história.

Não posso apenas guardar para mim tudo isso, e viver a minha aposentadoria, adquirida aos 70 anos de idade, quando milhões de patrícios não têm nem o direito ao trabalho para sustentar sua família, muito menos para se aposentar. Não o fiz, não o faço e não o farei. Vou colocando tudo para fora. Digam o que quiserem aqueles que se deleitam em criticar e colocar sobre os outros a responsabilidade das nossas mazelas. As redes sociais então cheias deles. Não os culpo. Não culpo ninguém, especialmente, pelo que está aí. Somos todos vitimas de uma condição que não foi criada por nós, mesmo que alguns tenham tido a oportunidade de amenizar as consequências das agressões que sofremos, sendo menos egoístas do que foram.

Além de considerar que a "culpa" é do outro, há uma tendência para negligenciarmos nossa potencialidade. Aceitamos o mito do poder, que a sociedade nos ensinou. Aceitamos até mesmo sermos vítima dele, sem questionar. É o que nos está acontecendo. "Mas eu não posso fazer nada!". É o que mais se ouve. Pois esses estão enganados e não apenas isso, conformados, o primeiro passo da submissão.

Mas tenho algo a dizer-lhes sobre o poder. O poder está dentro de cada um de nós. Fora dele só há o poder Divino e o da Natureza. Não há poder do homem que não tenha origem em nós mesmos. Se alguém diz que há, está mentindo ou enganado. Vamos à questão!

Se temos um problema, só nós mesmos temos condição de resolvê-lo, ninguém mais. Mesmo quando a solução depende do outro, é preciso que nós tomemos a iniciativa de acionar o outro para agir. Do contrário nada será resolvido. Viveremos nosso drama na solidão, talvez no desespero.

Da mesma forma o problema de uma família está nela mesma. Só um de seus membros poderá resolvê-lo, ou a união de todos. Isso vale para a comunidade ou empresa. Vale também para uma nação. Em alguns casos precisamos de solidariedade, ou ajuda de fora, mas que só será positiva se for solicitada por nós ou for de nosso interesse. Qualquer solução externa ao corpo social não pode contrariar seus interesses. Se o fizer será invasão de privacidade. Para a nação a privacidade se chama soberania.

Se assim é, estamos sendo violentados. Temos um governo que nos obriga o que não queremos. Que usa apoio externo para nos pressionar. Que corrompe para nos dominar. Será natural que possamos aceitar isso? Não é. Mas por que está acontecendo? Porque nós estamos divididos, uns culpando os outros. Onde está nosso amor próprio. Ele não é apenas individual. Ele vale para o coletivo. A família, um grupo de amigos ou colegas, os de mesma nacionalidade. Pois quando nos agredimos mutuamente, estamos nos negando a solidariedade, a unidade que é nossa força. Todos que agridem o outro, nosso compatriota, por pensar diferente de nós, está nos enfraquecendo. Ajudando nosso inimigo, nos levando à submissão e à nulidade. Deixamos de ser, para não sermos nada. Viramos coisas, que não têm direitos nem deveres. Para não sermos coisas, devemos ter a consciência que precisamos ter os dois: direitos e deveres. Não só para nós, mas para todos.

Agora poderemos ver uma omissão de muitos de nós. Nós estamos negando nossa unidade, nos negando nossa força. O homem vive em sociedade, porque fora dela não mais existiria. E a sociedade tem sua força na sua Unidade. Enquanto falarmos mal uns dos outros, os inimigos nos impõem, todos os dias, derrotas e prejuízos. Estamos sendo massacrados.

Como superar isso? Fazendo uma reflexão e reconhecendo nossas limitações. A principal delas é nosso conhecimento precário e nossas ilusões. Precisamos nos informar. Só assim tomaremos consciência do que está acontecendo. Façamos isso, procuremos conhecer os fatos. Os verdadeiros, do passado e do presente. Os divulgados pela mídia não são verdadeiros. Os poucos verdadeiros são menores, sem significado. Servem para dar veracidade aos falsos. Seu conhecimento não nos ajuda, apenas nos ilude mais ainda.

Precisamos nos conscientizar. Aprender uns com os outros. Melhor será se for com o mais próximo de nós. Tenhamos confiança em nós mesmos e em nossos próximos, parentes, amigos, companheiros de trabalho, concidadãos nossos, patrícios nossos. Confiemos no que é nosso. Sejamos nós mesmos. Podemos mesmo afirmar que somos os melhores, pois somos múltiplos, representamos grande parte da humanidade. Partes dela, as mais diversificadas, estão aqui, são brasileiros. Nem todos, sabemos disso. Mas esses são facilmente reconhecíveis. Por suas palavras, por suas atitudes, por suas posições contra nosso povo.

Precisamos também conhecer nossa história. Ela vai nos dizer o passado de cada um, ou seus vínculos ancestrais que o fazem agir em consequência. Precisamos nos conscientizar enfim. Ou o fazemos, ou nos submetemos. Não basta identificar os culpados, mesmo que estivermos certos. A questão é não nos submetermos, é construir nosso destino. Que assim seja!

Como enfrentar nossa perplexidade?

Os filósofos sempre se depararam com muitas controvérsias. Cada qual procurou encontrar respostas às variadas indagações sobre a vida, a natureza e o comportamento humano. Isso levou à formação de diversas correntes filosóficas ao longo do tempo. Uma questão central dessa celeuma foi o caminho para a aquisição do conhecimento. Havia aqueles que tinham como certo que era através dos sentidos, enquanto outros consideravam que era através da razão. Isso ocorreu até que Immanuel Kant (1724-1804) fez a crítica das duas correntes, com seus livros *Crítica da razão pura* e *Crítica da razão prática*. Ele concluiu que é necessário tanto os sentidos quanto a razão para a aquisição do conhecimento. O tempo decorrido, desde os filósofos da natureza até Kant, mostra o quanto é complexa a aquisição do conhecimento. Por isso, Kant é considerado um dos maiores filósofos de todos os tempos.

Mas há outras questões para as quais Kant não deu uma resposta, como às indagações: *quem somos nós? e para onde vamos?* Mas deixou uma indicação para nossa investigação. Ele escreveu:

> *Duas coisas enchem a alma de uma admiração e de uma veneração sempre renovadas e crescentes: "O céu estrelado sobre mim e a lei moral em mim". [...] a lei moral revela uma vida independente da animalidade e também de todo o mundo sensível, pelo menos o quanto se pode inferir da destinação consoante a um fim da minha existência por essa lei, que não está limitada a condições e limites dessa vida, mas, pelo contrário, estende-se ao infinito.*

Da mesma forma que a aquisição do conhecimento exige de nós a razão e os sentidos, nossa perplexidade necessitará dos dois para ser superada. Nos nossos dias, apesar da grande quantidade de conhecimentos à nossa disposição, estamos perdidos em um emaranhado de ilusões e falsidades, como dentro de um labirinto. Isso Kant aborda no texto acima, quando ele evoca "*o céu estrelado sobre mim*". Ele se refere nessa expressão à grandiosidade do Cosmos, que é regido pelas Leis da Física. Para a compreensão de toda sua imensidão necessitamos conhecer todas essas leis. Nós conhecemos algumas delas, mas não todas. Os astrônomos estão à busca desses conhecimentos e têm à sua disposição quantidades astronômicas de recursos, mas que não são, entretanto, maiores que suas indagações. Há leis cósmicas que desconhecemos.

Mas há outra questão mais grave, nossa alienação. Certos conhecimentos, que os antigos já possuíam, nos são ocultados. Outros os cientistas modernos nem conhecem. Alguns já foram comprovados por eles mesmos, mas estão sendo sonegados ao grande público. Isso porque não interessa aos seus patrões que eles cheguem ao público, mesmo que seja apenas para um limitado grupo mais bem informado.

Quanto à "*lei moral dentro de mim*", Kant se refere às Leis Espirituais. Segundo ele, essa lei moral "*não está limitada a condições e limites dessa vida, mas, pelo contrário, estende-se ao infinito*". Mas, essa questão não é considerada, quando se trata de interpretar o que está acontecendo no mundo em que vivemos.

Há informações sobre o Cosmos que as autoridades nos escondem. Há um fenômeno relativo ao movimento dos astros que precisa ser conhecido, para termos a verdadeira dimensão desse momento de nossas vidas, que não é apenas histórico, mas também cósmico. Escondem de nós não apenas isso, mas também nossas relações com o poder e com os interesses escabrosos de um pequeno grupo de pessoas, que submete a humanidade a condições de vida inaceitáveis. Até mesmo, o direito à vida é negado. Isso está ocorrendo no Brasil e no mundo, para milhões de pessoas. Só no Brasil temos mais de 14 milhões de desempregados e outro tanto de subempregados. Os que sofrem e morrem pelas políticas desumanas que nos submetem são também milhões no Brasil e bilhões pelo mundo afora.

Essas questões são tratadas no meu livro, *A perplexidade*, que venho de editar. Sem abrirmos nossos horizontes para novos paradigmas, não chegaremos a conhecer as verdadeiras dimensões da grave crise que está levando nosso mundo ao caos.

O segredo do colapso da civilização

Parte I - Histórico

Vivemos um momento de difícil compreensão. Parece não existir mais lógica na maneira de pensar das pessoas. Tudo que considerávamos correto, a pouco tempo atrás, não condiz em nada com a linguagem dos comunicadores da mídia, nem com os argumentos dos políticos que dirigem o país. Muitos dos respeitáveis homens que dirigem nossa sociedade, nossa economia, nossas empresas e corporações patronais, repetem a mesma linguagem incompreensível e enganosa. Na televisão, aqueles que se intitulam jornalistas pontificam, transmitindo as mesmas barbaridades, sugerindo nos informar. Mas essas informações não fazem sentido, pois conflitam com aquilo que consideramos correto, e assim era visto pela maioria da sociedade, há bem pouco tempo. O que está acontecendo conosco?

Há uma confusão de conceitos sobre a sociedade, sobre a política e sobre o comportamento humano. No topo da sociedade graça a tendência ao totalitarismo. Os políticos no poder tendem para a tirania, na qual são renegadas a leis que se destinam a regular as relações na sociedade. Só passa a ter valor a vontade do tirano, uma subversão de valores. Isso fica evidente quando se trata da economia, da produção e da distribuição da riqueza produzida.

Só parte da riqueza que produzimos remunera o trabalho e paga os tributos que deveriam sem aplicados nos serviços de interesse da população, como educação, saúde e segurança pública. Há um excedente que é apropriado por um grupo pequeno de pessoas. Essas vivem do lucro e de rendas diversas, algumas delas derivadas da produção de mercadoria ou de meios ou atividades ligadas ao processo produtivo, como o aluguel. Esse é o mecanismo normal do sistema capitalista. Mas há aquela renda, proveniente de juros da dívida pública e da especulação, que cria fortunas fabulosas sem origem na produção e hoje sufoca o mundo da produção.

Nesse processo a sociedade se esfacela. As relações sociais são abaladas pela desorganização daquilo que, embora não fosse justo, era admissível porque tolerável, conforme os valores aceitos como necessários à manutenção e prosperidade da Nação. E que valores são esses? Aqueles estabelecidos pela realidade econômica e pelos embates de interesses entre as classes sociais, nos últimos séculos, desde que surgiu o capitalismo. Esses embates têm uma referência histórica marcante no século XVIII, especialmente com as revoluções americana e francesa, alimentadas pelas ideias dos iluministas. Aquele momento histórico marcou o início de uma Era de confrontos e negociações que criaram o Estado Moderno, um período histórico de grande progresso e de grandes confrontos que foram se ampliando. No início do século XX eles se exacerbaram, dando origem às duas grandes guerras mundiais: a de 1914-1918 e a de 1939-1945.

Após esses grandes e calamitosos conflitos, parecia que a humanidade havia tomado juízo e encontrado uma forma de convivência. Houve a libertação das colônias. Surgiu nos países mais desenvolvidos, segundo o critério da produção de riquezas, um grande acordo na sociedade ocidental, o Estado de Bem Estar Social. No Oriente, as novas sociedades socialistas, da Rússia e da China, ofereciam outra forma de organização, superando as crises econômicas através da economia planejada e de distribuição de riqueza mais democrática. Mas foi criada uma dualidade que resultou na Guerra Fria, com graves consequências, inclusive pela proliferação das armas nucleares.

Mas, o mundo ocidental não conseguiu manter por muito tempo o Estado de Bem Estar Social. Este se caracteriza por uma melhor distribuição da riqueza, cujo exemplo mais marcante está na Europa, especialmente nos países nórdicos. Isso foi possível pela democratização da política e a garantia dos direitos dos cidadãos, conquistados a duras penas em embates sociais expressivos, especialmente pelo clamor dos povos massacrados pelos horrores das duas guerras mundiais. Essa condição social foi mantida pelo livre pensar e pelo diálogo, dos quais resultaram condições políticas e institucionais, nas quais prevaleciam alguns princípios republicanos, fundados na soberania do cidadão e das nações, consubstanciadas no voto popular e na *autodeterminação dos povos*. Para tal chegou-se a organizar uma cooperação entre os países menos desenvolvidos economicamente, a partir de uma reunião em Bandung, na Indonésia, que fundou o *Movimento dos Países Não Alinhados,* aqueles que não estavam aliados aos blocos Ocidental ou Socialista, portanto, teoricamente, neutros. Mas essas nações não foram poupadas de intervenções externas, especialmente para a dominação de sua produção de petróleo e para bloquear seu desenvolvimento autônomo, como aconteceu no Brasil, na Indonésia e em outros países da América Latina com os golpes de Estado que produziram sangrentas ditaduras militares.

O Estado de Bem Estar Social ainda se aguenta, precariamente, nos países mais industrializados, em parte com recursos da espoliação dos outros países. Já nos países submetidos ao neocolonialismo - o colonialismo econômico com soberania apenas nominal - a espoliação grassou, com o consentimento de governos autocráticos e corruptos. A "democracia", - ou Estado de Direito -, duramente conquistada por esses povos, degradou-se. O capital estrangeiro dominou suas economias.

O sistema capitalista usou e continua usando esses países como áreas de expansão de seu mercado, cada vez mais cartelizado e submetido ao capital financeiro. Essa fase se agravou a partir da década de 1970, quando os excedentes de produção nos países mais industrializados ameaçavam levá-los a uma crise sem precedentes. Para evitá-la, os países que detêm o controle financeiro do comércio mundial, os EUA e a Inglaterra, adotaram a política do dinheiro sem lastro, que foi imposta ao mundo. Dessa forma eles conseguiram ampliar os mercados que necessitavam para fazer face à nova crise do sistema capitalista que já se anunciava.

O dinheiro sem lastro, somado aos petrodólares gerados pela imposição do aumento do preço do petróleo, a partir de 1973, concentrou mais ainda a riqueza, sob a forma monetária, que precisava encontrar meios de ser remunerada. Foi imposto aos países periféricos, do ponto de vista econômico, o endividamento para promover um desenvolvimento artificial, que atendesse às grandes corporações empresariais. Disso resultou o slogan "Brasil grande" no governo militar brasileiro que produziu grande aumento da dívida externa brasileira, de 2,4 bilhões de dólares, em 1964, para 85,4 bilhões de dólares, em 1985, 35 vezes maior.

Essa política neoliberal ficou conhecida como "globalização" e foi difundida como uma Era de Prosperidade. Mas seu resultado foi o empobrecimento das populações mais pobres e uma brutal concentração de riquezas nas mãos de poucos. Foi também a perda da soberania de muitas nações. Margareth Thatcher foi mais realista ao interpretar essa política, considerada a única solução para o capitalismo, dizendo *"There is no alternative"*. De fato essa foi a única opção que o capitalismo tinha para sua sobrevivência por mais algum tempo, sem uma guerra que pudesse mascarar a crise do capitalismo. Essa seria catastrófica para todos, sobretudo para os mais poderosos. Mas sua lógica não nos serve, porque nos custa nossa própria sobrevivência. Centenas de milhares de brasileiros morrem todos os anos, em decorrência dessa política macabra. Os fatos demonstram que o capitalismo esgotou-se, está em fase terminal.

O governo que temos hoje é consequência desse processo, que não é apenas um jogo geopolítico. Ele é muito mais que isso, pois seu objetivo é de dominar completamente grande parte do mundo, numa tentativa de superar a crise do sistema capitalista. O Brasil é para eles um elemento fundamental para enfrentar a China, que tem hoje poderes para fazer face ao império americano.

Temos ainda a considerar que todos os conflitos graves que ocorreram no mundo desde a Revolução Industrial na Inglaterra, no século XVIII - da Revolução Francesa à Guerra Fria - são aspectos de um mesmo e grave problema, as crises cíclicas do sistema capitalista. Já os atuais, **as guerras do Afeganistão e do Iraque, a Primavera Árabe e a guerra da Síria, as pressões sobre a Coréia do Norte, a tentativa de derrubar o governo da Venezuela, o assalto ao Pré-sal e a tentativa de desmoralizar a Petrobrás. a redução de direitos trabalhistas e a reforma da Previdência no Brasil, são consequências da crise terminal do capitalismo.** É na análise dessa crise e de suas causas que sairá a resposta ao título desta matéria, *O segredo do colapso da civilização*.

Parte II - O segredo

O segredo do colapso da civilização que estamos assistindo é a submissão de toda a sociedade ao poder do dinheiro falso - sem lastro ou produzido fora da atividade produtiva -. Os juros da dívida pública são a principal fonte desse dinheiro falso no Brasil.

Vejamos como isso aconteceu e como esse dinheiro destrói a economia, marginaliza populações inteiras, destrói o Estado e leva a civilização ao colapso.

O professor Lauro Campos, no seu livro *A crise completa – A economia política do não,* observa que a história da evolução do sistema capitalista tem três fases. Na primeira, predomina a produção para o consumo; na segunda a produção de meios de produção; e na terceira a produção de não mercadorias. Na sua análise, chama a produção de meios de produção de departamento I, a produção para o consumo de departamento II e a produção de não mercadorias de departamento III. Essa numeração dos departamentos obedece à lógica da produção e não às fases históricas citadas, pelo fato que a fabricação das máquinas é anterior à fabricação de mercadorias para o consumo. Esses dois primeiros departamentos representam o capitalismo voltado para o desenvolvimento das forças produtivas. Eles atendem ao consumo e à produção de meios de produção, ou seja, às necessidades humanas. Já o departamento III é apenas um artifício para aumentar as vendas dos departamentos anteriores. Ele produz instrumentos de destruição voltados para dissipar mercadorias, como as armas de guerra, ou bens que não se destinam ao mercado, como obras de infraestrutura, a pesquisa espacial e outras congêneres.

É interessante observar que o departamento III trabalha para o Estado, pois não produz para o mercado convencional, empresas ou consumidores. Mas ele não surgiu apenas pela vontade de um capitalista, de um governante ou de governantes, mas pela necessidade do capitalismo, como sistema, dissipar a produção para superar suas crises de consumo. O *New Deal* de Roosevelt e Keynes trouxe à luz a incapacidade do capitalismo de resolver suas crises sem essa dissipação. A recessão resultante da crise de 1929 nos Estados Unidos, apesar de todos os programas de investimento em não mercadorias, só terminou com o esforço de guerra a partir de 1943. Outra forma de permitir a sobrevivência do capitalismo é ampliar indefinidamente seu mercado de consumo, permitindo ao capitalista realizar a totalidade da venda da sua produção. Esse é o caminho perseguido com a globalização da economia. Mas, ao englobar todo o mundo no sistema, fica encerrado seu potencial de expansão natural. Os artifícios passam a ser a válvula de escape das crises, até que também se esgotem.

Além disso, há resistências múltiplas nesse avanço sobre os povos e as nações. As pessoas e as instituições reagem à invasão do capital, seja na busca incessante ao lucro cada vez maior, seja na imposição da ideologia burguesa, que se introduz destruindo quaisquer resistências, cultural, religiosa, intelectual. O uso da força das armas é recorrente nessa cruzada do capitalismo em busca de novos mercados e da posse de bens que possam gerar lucro, sem o qual o capitalismo não se sustenta.

Mas o departamento III do capitalismo precisa de uma fonte de sustentação. Esta é o endividamento público, cujo peso não se limita aos países centrais do sistema. Ele é levado também aos países periféricos, como o Brasil, os europeus menos capitalizados, como a Islândia, a Espanha, a Grécia, Portugal, e outros. O endividamento reduz a capacidade dos governos de prestar serviços à população e induz à privatização dos serviços públicos. A população, que já pagava tributos para sustentar esses serviços, passa a pagá-los a particulares, a preços mais elevados, pois acrescidos do lucro. Os tributos crescem cada vez mais, não para atender às necessidades das pessoas ou do desenvolvimento do país, mas para pagar juros da dívida pública, cada vez maior, alimentada por taxas de juros exorbitantes. Todas as mudanças legais que permitem essa alimentação do capital não produtivo começa com a corrupção das autoridades e dos formadores de opinião, o que se torna rotina e vício.

Esse sistema econômico, que usa o Estado para espoliar a população, necessita da mentira para manter-se, divulgada na mídia e nos discursos dos homens públicos. Essa cumplicidade é alimentada pelas verbas de publicidade e também pela corrupção, que tende a crescer e tornar-se incontrolável. Com o desvio do dinheiro público para o pagamento de juros, as carências da população aumentam, pela falta dos serviços essenciais, pelo desemprego, pelos salários arrochados e pelos tributos cada vez mais pesados, empurrados pelo serviço da dívida cada vez maior. Além disso, a população precisa pagar pelos serviços essenciais que o Estado já não lhe fornece. Todos os anos há um grande esforço nacional para cumprir com os serviços da dívida pública.

Em 2010, no Brasil, essa arapuca já custou aos cofres públicos 195 bilhões de reais. Dados mais recentes mostram uma escalada da dívida e dos juros que levarão o país à inadimplência, mesmo com a alienação de patrimônios que vem sendo feitos de forma escandalosa.

O crescimento da dívida indica isso. Vejamos alguns dados. Em 2017 o custo dos juros elevou-se para 359 bilhões de reais, correspondendo a aproximadamente 50% das despesas da União. Essa é a causa da falta de recursos para o pagamento dos funcionários e do colapso dos serviços de educação, saúde, segurança, transporte e outros.

O crescimento da dívida em relação ao PIB brasileiro mostra nosso estado de calamidade. Em 2014 a dívida alcançou 56,3% do PIB, em 2015, 65,5% e em 2016, 75%. A projeção para 2023, segunda assessoria técnica do Senado Federal, é de 92,4%. Seu crescimento em 2017 foi de 10,84%, enquanto a economia indica um crescimento de 0,8%, segundo o IBGE.

Diante desses dados fica claro que o problema financeiro da União não se deve à remuneração dos servidores, nem à Previdência Social que, respeitadas as receitas a ela atribuídas pela Constituição de 1988, vem sendo superavitária.

A tragédia brasileira se deve a ocupação de nossa Nação pelo capital financeiro internacional, que corrompeu políticos e mídia, e dirige os destinos do País através de um governo de sociopatas, comandado por Temer, o aliciador de votos pela corrupção, e por Meirelles, agente da banca internacional, que tem como centro decisório a Wall Street, em Nova York.

Para compensar essa sangria, o governo corta despesas, sob o título pomposo de *superávit primário do orçamento*. Que superávit é esse, se o orçamento é deficitário? Independentemente do eufemismo, o superávit nunca é suficiente para pagar o rombo. A diferença é coberta por novas emissões de títulos do Tesouro. Dessa forma a dívida pública só cresce. A vida das pessoas torna-se penosa, fazendo com que as mães de família trabalhem fora, o que acontece também com os jovens, que deixam os estudos para ganhar algo mais para complementar o orçamento familiar. Enquanto 14 milhões de trabalhadores ficam sem empregos.

No seu avanço sobre os mercados, os capitalistas dos países centrais do sistema compram empresas, desnacionalizando a economia do país hospedeiro. A exportação dos lucros gerados por esses investimentos aumenta a sangria do país, tornando-o dependente de exportação crescente, que o faz prisioneiro também das flutuações da economia mundial. A economia interna do país hospedeiro é forçada a adaptar-se à internacional, não como estratégia própria, mas pela pressão das necessidades crescentes de moedas conversíveis, para transferir lucros e juros obtidos internamente pelo capital estrangeiro. A fronteira do país é aberta para que o capital estrangeiro compre o patrimônio nacional, enquanto o mesmo capital retorna a sua origem pela remessa de lucros e de juros. Para compreender o porquê de tudo isso, precisamos conhecer a natureza do modo de produção capitalista, que produz a acumulação privada do excedente da riqueza produzida pela sociedade.

Nas sociedades que antecederam à capitalista a apropriação da produção excedente às suas necessidades era feita por sua chefia tribal, imperial ou feudal. Esse excedente era distribuído conforme critérios próprios de cada sociedade. Elas geraram classes privilegiadas, castas, ou foram utilizadas em investimentos produtivos, como ferramentas, máquinas ou irrigação, na construção de palácios ou templos, de infraestrutura viária, ou na defesa das cidades ou estados, com exércitos e fortificações. Todos os recursos produzidos tinham uma utilidade, em função das necessidades da sociedade, não importa qual fosse sua natureza. As formas de apropriação desse excedente eram tributos sobre a produção, pedágios etc.

Parte III - O excedente de produção no capitalismo

O modo de produção capitalista estabeleceu que a apropriação do excedente fosse feita pelo capitalista, sob a forma de pessoa física ou jurídica. Isso se dá porque o capitalista é o dono da mercadoria fabricada por outros, seus assalariados. Na sociedade que o antecedeu, o sistema feudal, os camponeses ou artesãos que aplicavam seu trabalho na produção da mercadoria eram seus donos. Eles pagavam tributos às autoridades, mas o produto pertencia a eles e eram eles que o vendiam ou trocavam por outra mercadoria, para satisfazer suas necessidades. No sistema capitalista, o patrão torna-se dono da mercadoria, porque arca com todas as despesas de sua produção. Para ter lucro na operação ele precisa vender a mercadoria por um preço maior que seu custo. Do contrário não haveria sentido produzi-la. Mas, seu preço não pode ser superior ao do mercado, pois seria invendável. Como resolver esse problema? Há duas maneiras: fazer o assalariado trabalhar mais tempo que o necessário para produzir o valor de seu trabalho, ou criar condições para aumentar a produtividade do trabalhador, em relação ao do concorrente, inicialmente um artesão.

    Nos primórdios da indústria capitalista, a tecnologia aplicada era a mesma da do artesão. Logo, a mercadoria produzida pelo capitalista teria o mesmo custo da do artesão, caso seu assalariado trabalhasse o mesmo tempo do artesão e recebesse a mesma remuneração. Por isso os assalariados das primeiras indústrias na Inglaterra trabalhavam 16 horas por dia, o que o artesão não fazia. Este só trabalhava à luz do dia, período no qual exercia outras atividades. A espoliação desumana foi que deu origem ao capitalismo industrial. Além disso, o salário era insuficiente para sustentar uma família, o que obrigava a mulher ou do filho trabalhar. Tornou-se tradição na Inglaterra, naquela época, as paróquias darem às famílias dos operários uma sopa no fim de semana para complementar sua alimentação.

A redução do horário de trabalho só ocorreu com a invenção de máquinas que aumentaram a produtividade. A Revolução Industrial, nos meados do século XVIII, deu um salto gigantesco na produtividade, mas a redução do horário de trabalho e a limitação do trabalho infantil só ocorreram através de ferrenhas lutas. No dia 16 de agosto de 1819, ocorreu uma manifestação de 60 a 80 mil operários em Manchester, que foi dissolvida a patadas de cavalos e ficou conhecida como o "massacre de Peterloo". Esse é apenas um exemplo de uma infinidade de atrocidades cometidas contra as reivindicações legítimas dos trabalhadores.

Feita essa introdução, vamos à essência da questão do excedente de produção.

Foi o uso de instrumentos e armas para a caça que permitiu ao homem primitivo produzir além do necessário para sustentar sua família e suas comunidades. Esse processo continua até hoje. A produtividade provém da invenção de novos instrumentos, que multiplicam o efeito da nossa força de trabalho. Os animais também foram e ainda são utilizados com essa finalidade. As conquistas da ciência depois da Revolução Industrial e o desenvolvimento de novas tecnologias continuam aumentando nossa produtividade, em escala exponencial. Todos os investimentos que permitiram essa evolução têm sua origem no aumento da produtividade, que acompanha a do conhecimento que os homens vêm adquirindo ao longo da história.

Até o surgimento do capitalismo o excedente de produção, gerado por essa evolução, era distribuído e investido com critérios de cada sociedade organizada, em tribos, cidades estados, impérios, reinos. Cada uma delas com sua estrutura social própria, algumas mais igualitárias, outras menos, até mesmo tirânicas. Mas sempre de acordo com uma organização social bem definida. Com isso a humanidade evoluiu, embora aos trancos e barrancos, inclusive no plano espiritual com seus valores éticos e morais.

Na sociedade moderna, condicionada pelo modo de produção capitalista, onde a apropriação do excedente de produção de mercadorias é privada, a história nos indica uma acentuação dos conflitos, sejam eles no seio da sociedade ou entre as nações. Esse fato é decorrente de ser individual a decisão do investimento do excedente, do capitalista, ou corporativo, de um grupo de capitalistas. Na sociedade, a grande maioria da população é excluída do processo decisório. Pode-se alegar a existência de um Estado de Direito, que regula esse processo. Mas esse Estado, chamado também de democrático, tem pouco de democrático e o direito é seletivo. Ele é dominado pela ideologia capitalista, o liberalismo. Essa cria uma grande ilusão na população, sobre a natureza da sociedade, para dar a impressão que ela corresponde aos nomes que leva. Mas isso é uma falsidade. O Estado que temos é de classe, dos capitalistas, e não do povo, não uma República, como definiu Rousseau com grande propriedade. No sistema capitalista a república é uma farsa.

Foi essa sociedade que herdou o colonialismo iniciado pelos reinos, e infelicitou dezenas de países do mundo e bilhões de pessoas submetidas à espoliação e ao sofrimento. Foi ela que produziu as guerras que a história registra, tragédias impensáveis nas relações entre os humanos. Centenas de milhões de vidas se perderam nesse processo, além dos feridos, doentes, refugiados. No Brasil esse processo durou três séculos e produziu uma sociedade escravista e preconceituosa.

Hoje nós não vemos com essa rudeza o mundo em que vivemos, porque ao longo desse processo as pessoas mais lúcidas e as classes sociais mais sofridas reagiram, cada uma à sua maneira, conquistando direitos sociais. Houve lutas de massas, revoltas, revoluções. Houve uma forte reação no plano do pensamento. A mente humana desenvolveu nesse período seus instrumentos para construir um mundo melhor através da filosofia, das artes e da ciência. O pensamento crítico grego que foi retomado na Europa, produziu o Renascimento. Ele foi usado de forma magistral pelos iluministas franceses e outros filósofos que os sucederam, como Kant, Hegel, Marx e muitos outros, o que permitiu unir intelectuais e trabalhadores para humanizar o Estado burguês, que chegou a alcançar um nível de civilidade considerável com o Estado de Bem Estar Social, como é praticado nos países nórdicos da Europa. Todas essas conquistas foram obtidas com muita luta e muito sacrifício, mesmo sem considerar a tragédia das guerras mundiais, de conquistas de territórios e de deposição de governos populares.

Mas, o capitalismo não aceita mais o Estado de Bem Estar Social, nessa fase de sua decadência, à beira da extinção. Ele tem um novo projeto, o neoliberal, que outra coisa não é que o retorno ao liberalismo primitivo, da desigualdade e da liberdade apenas para o capitalista. Isso se deve à impossibilidade do sistema sobreviver sem as guerras, que queimam parte do excedente de produção acumulado em suas mãos. Mas esse não é um ato de renúncia, pois o Estado é quem paga as guerras, com o dinheiro produzido com o trabalho do cidadão, enquanto os capitalistas faturam seu lucro, vendendo seus estoques de mercadorias e armas.

  Os burgueses capitalistas pensam ser possível substituir o Estado de Bem Estar Social por uma nova forma de colonialismo, onde não existirão as figuras da República, nem do Cidadão que lhe dá origem. Um projeto tresloucado que é preciso barrar. Ele está sendo construído com o endividamento do Estado e seu desmantelamento junto com o dos direitos do cidadão. A humanidade, no conceito deles, não é mais que instrumento de produção e de consumo para realizar seus lucros. *Cuide-se o capitalismo enlouqueceu.* Este é o título de um livro meu publicado em 1999.

  Todas as ações do governo Temer estão em conformidade com esse plano macabro de submeter o Brasil, através da demolição do Estado e dos direitos republicanos inseridos nele. O método utilizado é a corrupção dos políticos, que fazem as leis, e dos meios de comunicação, que alienam a população através de mentiras, mitificações, e diversões desvinculadas de nossas tradições culturais. Nós hoje somos um país ocupado. Não por tropas militares, mas pelo poder do dinheiro falso, que desorganiza nossa economia e corrompe aqueles que deveriam estar defendendo a Nação. Mas, na realidade eles estão vendendo-a pelas migalhas que recebem por serem serviçais do capital. Essa venda é feita em fatias para despistar seu objetivo.

  Para melhor compreensão de tudo isso é preciso mais algumas informações sobre a natureza do modo de produção capitalista. Vamos analisar essa questão.

Parte IV - A natureza do modo de produção capitalista

O modo de produção capitalista surgiu no processo de decadência do sistema feudal. Seu embrião se manifesta primeiramente no século XIV, na norte da Itália e no sul da França, com os arrendatários de terra burgueses que utilizavam trabalhadores temporários nas suas atividades. Ele cresce junto com a decadência do feudalismo, até se tornar um sistema definido, com vida própria. Esse processo durou dois séculos. Foi o tempo necessário para que os camponeses se tornassem livres. Não apenas do senhor feudal, mas também dos seus compromissos comunais e para com suas pequenas propriedades, que lhes foram sendo tomadas, por arbitrariedade ou por dívidas. Ele cresceu com a falência pessoal do senhor feudal e generalizou-se com o colapso do feudalismo.

Nos conflitos entre a velha aristocracia, feudal, e a nova, burguesa, os penalizados foram os produtores rurais que iam sendo expropriados de seus bens e expulsos do campo. Eles formaram um gigantesco contingente de trabalhadores disponíveis, sem terra e sem trabalho, que favoreceu o processo de formação do capitalismo industrial. Na Inglaterra, no final do século XIV, a exploração da terra já havia passado dos senhores feudais para os arrendatários, que conviviam com uma grande massa de produtores livres.

Marx chama a atenção para o fato de a formação da produção capitalista urbana ter sido muito mais rápida que a do capitalismo no campo, com os arrendatários.

> Serve de base a todo esse processo a "expropriação que priva de sua terra o produtor rural, o camponês". Sua história apresenta uma modalidade diversa em cada país, e em cada um deles transcorrem as diferentes fases em gradações distintas e em épocas históricas diversas. Onde ele reveste sua forma clássica é na Inglaterra.

Ao tornar-se assalariado, o camponês já não trabalha apenas para satisfazer suas necessidades, mas tanto quanto pode suportar. Essa intensificação do trabalho, aliado a novos métodos de produção, como a divisão de tarefas em função das qualificações e aptidões, permitiu manter e aumentar a produção agrícola, com contingentes menores de trabalhadores. Nessas condições, o camponês expulso da terra não se tornou apenas livre, mas miserável, sujeito a aceitar quaisquer condições para sobreviver e sustentar sua família. Ele forneceu à manufatura capitalista sua força de trabalho, barata e desprotegida, que permitiu ao capitalismo tomar o mercado dos artesãos que não fossem artistas ou extremamente habilidosos.

Até meados do século XVIII, a principal manufatura capitalista era a têxtil, que ainda usava meios rudimentares, não muito diferentes em produtividade dos artesanais. Os equipamentos manuais eram praticamente os mesmos. Mudara apenas o número de trabalhadores concentrados no mesmo lugar e jornada de trabalho maior, de 16 horas, seis dias por semana, que superava em muito a dos artesãos. A produção concentrada aumentava a distância de transporte das mercadorias, o que lhes agregava custo.

Para reduzir seus custos, a indústria têxtil de algodão precisava ser instalada junto a um curso d'água, para lavar os tecidos e movimentar a roda d'água que substituiu o pedal no acionamento das máquinas. Para reduzir os transportes, a localização das indústrias era próxima aos portos. Esses condicionamentos limitavam a expansão da indústria têxtil. Para superá-los, os industriais buscaram aperfeiçoar seus equipamentos para obter maior produtividade, usando os novos conhecimentos da ciência.

O capitalismo industrial só se consolidou com a revolução tecnológica do século XVIII, que ficou conhecida como Revolução Industrial. Esta foi possível graças ao capital acumulado pela exploração colonial em um período histórico conhecido como mercantilismo.

A partir daí a produtividade do trabalhador aumentou, gerando um aumento extraordinário da produção e do lucro do capitalista. Esse fenômeno produziu dois outros, a necessidade de procurar novos mercados para seus produtos e a possibilidade de aumento de salários dos trabalhadores, conseguidos através de penosas lutas. Daí surgiu a luta de classes, como a modernidade as conheceu. Os ingleses buscaram colocar no continente europeu seus excedentes. Esse processo levou a tensões que resultaram em guerras. As chamadas guerras napoleônicas têm sua origem nesse fenômeno.

A luta de classes gerou ideologias que se opunham ao liberalismo que sustentava o capitalismo inglês, e sustenta até hoje o capitalismo mundial. Surgiram as diversas vertentes socialistas, dentre as quais o trabalhismo, o comunismo e o anarquismo. As bandeiras que orientavam essas ideologias eram a liberdade, que o liberalismo defendia, mas apenas para a burguesia, e a igualdade, em diferentes matizes.

Nesse quadro a história do mundo ocidental desenrolou-se, entre conflitos sociais e entre nações, todos girando em torno da apropriação dos excedentes da produção que as conquistas científicas e tecnológicas potencializaram.

Mas, como foi possível essa sociedade tão desenvolvida do ponto de vista da produção e tão desumana, que tem no conflito sua forma existencial e nas guerras a sua sobrevivência? O que permitiu que a história humana tomasse esse rumo trágico, e que nos levou à brutal crise que atravessamos, com todos os riscos que conhecemos, que nem vale a pena mencionar?

Há a considerar que o desenvolvimento da ciência e da tecnologia ocorreu a uma velocidade estarrecedora, que não pôde ser acompanhada pela evolução espiritual da humanidade. O uso do poder da propriedade do excedente de produção por pequenos grupos sociais das nações acirrou a ambição, o individualismo e a segregação de classes, que nos países mais espoliados, da periferia do sistema, alcança uma condição de apartheid social, gerando miséria e impedindo o acesso de muitos a condições de dignidade humana. Os excluídos, não o foram apenas do conforto que a sociedade dispõe hoje, mas mesmo dos direitos elementares à alfabetização, à saúde e à habitação. O foram até mesmo a um trabalho que permita uma remuneração de sobrevivência com dignidade. Nessas condições construiu-se um criadouro da criminalidade, que a sociedade hipócrita debita aos marginalizados, quando a fonte de todo mal está no apartheid social, gerado pela concentração, em poucas mãos, do excedente de produção não consumido.

Parte V - O Brasil não é problema. É solução

Há uma campanha orquestrada de que o Brasil é um problema. Mas isso é a mais pura mentira, premeditada, para nos desacreditar, nos humilhar e nos incutir complexo de inferioridade. Nós vamos desmontar essa afirmação acima e colocar no seu devido lugar a conspiração que montaram contra nós para nos submeter. Querem que aceitemos uma condição de inferioridade no concerto das nações, sob a alegação que somos "uns coitadinhos". Querem que sejamos um povo colonizado, sem direito à cidadania. Feito isso, o nosso trabalho, se tivermos a oportunidade de tê-lo, por que muitos não o terão, será desvalorizado e usado para produzir o que os invasores quiserem, para a realização de seu projeto imperial de dominar, senão todo o mundo, metade dele.

    Vamos a essa questão. Nós somos hoje 208 milhões de pessoas, das mais variadas origens, a população em um só país mais representativa da humanidade. Aqui vivem, de forma integrada, índios e seus descendentes, e pessoas migradas da Europa, da África, da Ásia e de outros países das Américas. Todos são brasileiros, mesmo que ainda cultivem suas culturas de origens. Isso não é desvantagem. É uma diversidade que nos ensina a conviver com as diferenças, e nos permite aprender com a história de outros povos. Nós somos um povo tão poderoso e numeroso, que nenhuma nação ousará tentar submeter pela força.

    Entretanto, o mundo vive uma crise terminal do sistema capitalista de produção, dada suas contradições internas e à ambição que esse mundo desenvolveu nas pessoas. Os poucos portadores de uma fortuna equivalente à da metade da população mundial, buscam fazer sobreviver um sistema que se tornou contrário à vida. Nesse sistema, o lucro, seja qual for ele, se sobrepõe à vida humana e à própria Natureza. Tudo que a humanidade conquistou de positivo corre o risco de ir por terra. Até sua sobrevivência está em perigo. Tudo por um poder egoísta de apropriar-se de tudo e de todos, numa postura sociopata. Esse projeto só é possível de executar em um mundo de ficção, gerado pela mentira sustentada pela corrupção.

Esse grupo controla o mercado financeiro do Ocidente. Seus membros acreditam que podem se salvar colonizando parte do mundo Ocidental, fortalecendo-se para o confronto com outros países que não se deixaram contaminar, pelo menos totalmente, pela ilusão fabricada por eles. Aqui entra em cena o papel do Brasil. Se eles nos dominarem, terão mais facilidade de dominar toda a América do Sul. Tornar-se-iam mais fortes para enfrentar, ainda no seu conceito falso, outros países mais fortes, na sua marcha para conquistar o mundo. Uma grande ilusão, uma loucura. Atenção, não se trata de ficção, é a mais pura realidade. Alguém pode dizer: isso é muito louco! Não pode ser verdade! Para esse faço uma sugestão: verifique as contas da União e conheça a história de Hitler, e seu projeto de fazer da Alemanha um império mundial. Foi com seu projeto louco que ele produziu a maior guerra da história e a perdeu, destruindo a própria Alemanha e grande parte da Europa. A tática agora não é mais a blitzkrieg (guerra relâmpago), uma onda de tanques em movimento. Ela é a sangria dos juros da dívida que já consomem 50% do orçamento da União. Seus estragos são maiores que os tanques de Hitler. Mas não se pode mencioná-la, pois o corruptor não o permite, enquanto a Nação se estraçalha. A mídia está no bolso do banqueiro.

Estão comprando com dinheiro falso nosso patrimônio construído por nós, a duras penas, em séculos, e especialmente depois da Revolução de 30, que teve um projeto soberano e de justiça social para desenvolver o Brasil. Pois tudo desse projeto, as conquistas sociais, os investimentos em educação, saúde, cultura, seguridade social, ciência e tecnologia, produção de energia, transporte, construção de cidades, está sendo demolido, por ações premeditadas, pelo governo que os banqueiros colocaram no poder no Brasil.

Tudo isso está sendo possível pelas ilusões que incutiram em nós brasileiros, através de agentes mercenários, na mídia, na política, em organizações ideológicas diversas, para que aceitemos o que estão nos fazendo. Isso nos custa caro no nosso próprio dia adia e anula nossos esforços por um futuro melhor. Mas podemos reverter tudo isso. Depende apenas de nós mesmos. De cada um de nós, não daqueles que pensamos serem nossos protetores. Não há ninguém que possa defender-nos se nós mesmos não nos dispomos a nos defender. E não é tão difícil ou caro o que temos a fazer. Basta tomarmos consciência da realidade, não nos deixarmos enganar, e nos unirmos na nossa ação. Não estou sugerido sacrifício de ninguém, apenas empenho e responsabilidade.

Manifestemo-nos, e mostremos ao mundo o que somos: um país poderoso, porque tem um povo valoroso e consciente de suas responsabilidades, para consigo mesmo e para com a humanidade. Nós somos o único país, hoje no mundo, capaz de reverter essa situação de calamidade mundial sem usar a violência. Por várias razões. Nossa ação será pacífica: nós apenas defenderemos aquilo que é nosso de direito; nós somos uma grande população com grande representatividade; nós ocupamos o território mais rico do mundo, em diversidade ambiental, em volume de água potável, em produção de alimentos, em fontes de energia, hidroelétrica, da biomassa e dos hidrocarbonados, em minérios de toda natureza, inclusive os mais raros. Nós somos uma potência, mas parece que não temos consciência disso. Sugiro que nos informemos. Basta ver pela internet aquilo que somos: nossas florestas, nossos rios, nossas cidades, nossas hidrelétricas, nossa agricultura, nossa grandiosa natureza diversificada e encantadora, repleta de sítios arqueológicos, únicos no mundo.

E temos, além de tudo, uma cultura que nenhum outro povo tem, em diversidade e em criatividade. Pois é isso aí! Usemos nossa criatividade para nos unir e nos impor! Combatamos os desmandos do governo, a falsidade da mídia e a soberba dos patrões dos dois, as corporações econômicas e financeiras. Depende de cada um de nós superar a situação de calamidade em que nos meteram. Omitir é pior opção. Vamos à luta!

Verdades que precisam ser ditas

"Conhecereis a verdade e a verdade vos libertará"
(Jesus de Nazaré)

Todos nós temos nossas verdades. Acreditamos em algumas coisas, em outras não. Assim vamos construindo nossos destinos, vivendo nossas vidas. Quase todos nós somos ciosos do que fazemos. Muitas vezes isso nos custa muito sacrifício, mas nos mantemos firmes. Temos nossos valores, nossos princípios morais e éticos, e procuramos aplicá-los, nem sempre com facilidade. A vida é dura, costuma-se dizer, e muitas vezes nos surpreende. Nem estamos falando ainda dos nossos dias atuais, cheios de surpresas, quase todas inusitadas, extravagantes, por vezes perversas, como ocorre hoje no Brasil e em muitas outras partes do Planeta. É sobre isso que temos algumas verdades a dizer, porque elas precisam ser ditas.

Verdade I: A espécie humana ainda existe porque tem discernimento. Nós pensamos, criamos coisas e as usamos em nosso benefício, sobrepujando as outras espécies e alterando nosso meio ambiente. Do contrário ela teria sido extinta, há muito tempo.

Verdade II: Para sua sobrevivência o homem criou utensílios, que usa para seu conforto, e armas para a caça, primitivamente, e para se defender.

Verdade III: Esses utensílios e armas de caça permitiram que sua produtividade crescesse e com ela também sua população. Formaram-se aldeias e cidades, o início da civilização.

Verdade IV: O excedente de produção resultante de sua criatividade e de seu trabalho ofereceu ao homem outras oportunidades. Nasceu a civilização. Com ela os conflitos entre comunidades foram potencializados, dando origem a impérios, que se expandiram: os eventualmente mais fortes dominaram os eventualmente mais fracos. E assim foi por alguns milênios.

Verdade V: A civilização, e tudo que ela criou para o bem ou para o mal, é resultado do aumento de produtividade do trabalho humano. Inicialmente com seus utensílios e armas, depois com instrumentos e dispositivos mais elaborados e o desenvolvimento da agricultura, especialmente pela irrigação.

Verdade VI: Aos trancos e barrancos a civilização se desenvolveu aumentando cada vez mais sua produtividade, mas também fazendo guerras para dominar e explorar outros homens. Tudo em função da apropriação dos excedentes de produção dos povos dominados. Tudo isso a história registra. Os que a conhecem sabem disso.

Verdade VII: Todo esse processo de guerras de dominação cria impérios, mas também os destrói por várias razões: suas contradições internas e a resistência dos povos dominados. Até aqui não há novidade para aqueles que conhecem a história.

Verdade VIII: Houve um império teocrático que dominou toda a Europa e parte da África e do Oriente Médio, que é conhecido por Idade Média. Ele se desfez por suas contradições internas e seus conflitos com outro império teocrático que eles chamavam de Sarraceno.

Verdade IX: Do colapso da Idade Média, surgiu um embrião de um sistema econômico no qual a apropriação do excedente de produção da sociedade era feita por poucos. Essa apropriação se fez, e se faz, através do dinheiro obtido da venda dos produtos, por quem dominava o processo produtivo, sob sua forma monetária, o capital. Esse é o sistema capitalista que vigora até hoje, em grande parte do mundo.

Verdade X: O sistema capitalista difere de todos os outros pela apropriação privada do excedente de produção. Na antiguidade essa apropriação era pública, feita pelos poderes, tribais, das cidades e dos estados, alguns deles impérios. Ele era aplicado na sustentação dos chefes, das nobrezas, dos sacerdotes, do aparato do Estado, funcionários e militares, e para a construção da infraestrutura de produção e de defesa, de palácios e templos.

Verdade XI: Naquelas civilizações não havia crises econômicas como as que temos hoje. Havia crises, mas produzidas por disputas de poder, por guerras entre nações, por cataclismos naturais, por esgotamento do solo, reduzindo a produção e gerando a fome.

Verdade XII: Com o capitalismo e o avanço da tecnologia, e o aumento exponencial da produção e de seu excedente – aquilo que não é consumido por aqueles que o produz – surgiram as crises econômicas. As soluções encontradas para elas era a expansão do mercado ou o financiamento ao consumidor. O primeiro gerou conflitos entre nações. O segundo o endividamento e a inadimplência.

Verdade XIII: A expansão do mercado gerou também o colonialismo. O financiamento, seguido da inadimplência gerou a crise financeira. A solução passou a ser a guerra. Desde 1914 todas as guerras foram consequências da contradição principal do sistema capitalista: a apropriação privada do excedente de produção.

Verdade XIV: Houve uma tentativa de encontrar outra forma de consumir os excedentes: sua aplicação na produção de coisas não vendáveis, não destinadas ao mercado, as "não mercadorias". A primeira tentativa foi de Roosevelt, com o seu New Deal, idealizado pelo financista inglês Keynes. Mas isso gerou o endividamento excessivo do Estado, que arcou com todas as despesas. Daí surgiu a grande dívida pública americana.

Verdade XV: A solução keynesiana não impediu a Segunda Grande Guerra, a maior catástrofe da humanidade. Muitas são as alegações para suas causas, mas elas só explicam o como ela ocorreu, não o porquê. Em consequência dessa guerra surgiu a bomba nuclear, usada contra Hiroshima e Nagasaki. Depois disso houve a corrida nuclear e a difusão das bombas. Uma nova guerra seria o fim civilização, senão da humanidade.

Verdade XVI: Diante dos sinais de nova crise, nos anos 60, os governos americano e inglês associados aos sistemas financeiros dos dois países, arquitetaram um novo sistema que permitisse a superação da crise. Daí surgiu a *globalização* e sua doutrina econômica, o neoliberalismo, que outra coisa não é que o liberalismo primitivo, requentado. Neste, a liberdade só é reconhecida para o capitalista, que submetia o trabalhador a condições de trabalho desumanas em uma jornada de 16 horas. Na propaganda neoliberal, a figura do capitalista é substituída pela do capital. A tese é a da total liberdade do capital, sem respeito às fronteiras nacionais que defendem não apenas o território nacional, mas os cidadãos que formam com ele a Nação.

Verdade XVII: O neoliberalismo é o sistema do dinheiro sem lastro e do lucro sem produção de mercadoria, como é o caso dos juros da dívida pública. Para implantá-lo é preciso eliminar o sistema republicano e a cidadania que o sustenta. É preciso desmontar o Estado. Se não deve haver cidadania, para que serviria o Estado, que regula a sociedade e defende o cidadão, fonte da soberania nacional. Esta também deixa de existir.

Verdade XVIII: Para o projeto do grande capital, que quer controlar o mundo, o Estado republicano torna-se uma excrescência. Melhor será uma tirania. É o que estão construindo no Brasil, através da corrupção.

Verdade XIX: A corrupção não é apenas de parlamentares, que tentam destruir o Estado Republicano, com suas "reformas", todas contra a população e contra a Nação. Ela é mais geral. Sua ação mais constrangedora é em relação à imprensa. Não mais existe imprensa livre no Brasil. Toda a grande imprensa é financiada pelos invasores estrangeiros do capital financeiro. Os poucos veículos independentes são locais ou vivem na penúria financeira. Não resistirão por muito tempo. A imprensa tornou-se um instrumento de alienação a serviço de seus anunciantes, controlados pelo capital financeiro internacional. Se há quem duvide disso preste atenção aos anunciantes dos grandes jornais televisivos.

Verdade XX: Essa é a verdade sobre os métodos de dominação que incluem a nossa mente e a nossa vontade. Mas isso eu deixo para o linguista americano Noam Chomsky, através de seu vídeo no You Tube: *"As 10 estratégias de manutenção das massas"*.

Chegou a hora de pensar. Usemos as faculdades que Deus nos deu, o livre arbítrio e o discernimento. Com certeza não nos arrependeremos.

FIM

Conheça a Editora Mourthé

A Editora Mourthé foi criada em 2012 com o objetivo de abrir espaço a literatura brasileira e aos que se empenham em apontar caminhos e soluções para os problemas atuais da humanidade, e tem como objetivo informar para conscientizar, e tem como critério editar o melhor que encontra. Seus lançamentos nos segmentos de História, Religiosidade, Ficção e Infantil, refletem essa filosofia.

Outros títulos do autor publicados pela editora:

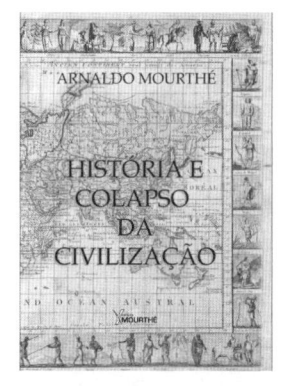

História e colapso
da civilização
Arnaldo Mourthé,
2012.

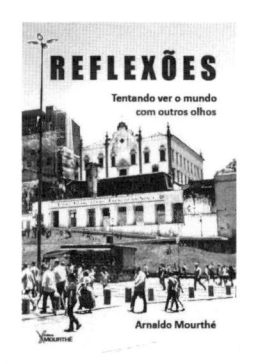

Reflexões: tentando ver o
mundo com outros olhos
Arnaldo Mourthé,
2014.

A crise
Arnaldo Mourthé,
2016

O poder no Brasil: e o futuro?
Arnaldo Mourthé,
2017

A perplexidade
Arnaldo Mourthé,
2017

Este livro foi produzido em abril de 2018 no Rio de Janeiro pela Editora Mourthé. Impressão em papel pólen-soft 80 gr/m² após paginação eletrônica em tipo Times New Roman 12/16 pt.

contato@editoramourthe.com.br
www.editoramourthe.com.br